児童養護施設から考える子どもの

性と生

性教育実践報告

東京家庭学校性教育委員会
林 知然・永野真希・林 奈穂子
編著

かもがわ出版

はじめに

私たちが働く東京家庭学校は、わが国の近代社会福祉の先駆者である留岡幸助により、キリスト教精神に基づいて、一八九九年に民営の感化院として創設された児童福祉施設です。その後、東京家庭学校の分校として開設した北海道家庭学校は、北海道で児童自立支援施設として運営されております。そして、東京家庭学校は児童養護施設として杉並区高井戸の地にて営まれております。

このような歴史的背景をもつ東京家庭学校における、性教育委員会の発足は二〇〇七年でした。きっかけは、一人の女児が施設内で性被害を受けたことでした。この性的暴力は、①施設内で被害にあった女児が再び性被害を受けた、②しかも性被害を受けたと開示したのは、被害を受けて一年近く経った後（加害児童が退所した後）でありました。児童養護施設に入所する背景には、児童虐待、貧困、孤立する家庭など、ネガティブな事象が存在します。子どもにとっての安心・安全な生活環境を提供するということが最も根本的な使命であるにもかかわらず、子どもの権利が、二度にわたって守られなかった事実に愕然としました。そして、行動に移しました。初代会長であった杉村奈穂氏と私が明大前駅の居酒屋で想いを共有化し、その後仲間集めに奔走しました。当初は六人の有志から形成され非公式な立場で開始されましたが、時を経て、現在は十一人の大所帯になりました。

◎性教育は〝子どもの権利〟

子どもの権利条約は一九八九年の国連総会で採択され、一九九〇年に発効され、日本は一九九四年に批准しています。二〇一六年公布の改正児童福祉法、二〇一七年の「新しい社会的養育ビジョン」にも、当然ながら色濃く反映されています。子どもの権利条約第四十三条に基づく、子どもの権利委員会（条約で約束された進捗状況を審査する機関）が、二〇一九年に採択した第四回・第五回統合定期報告書に関する総括所見で日本は、「思春期の児童の性と生殖に関する健康（リプロダクティブヘルス）について包括的政策をとるとともに、早期妊娠及び性感染症の防止に特に焦点を当て、思春期の女子及び男子を対象とした性と生殖に関する教育が学校の必修カリキュラムの一部として一貫して実施されることを確保すること」と指摘されています。しかしながら、同様の指摘を受けている児童虐待や体罰、乳幼児期の発達などに比べて、世間や児童相談所、児童福祉施設関係者からの関心度は低いように感じます。

◎施設職員のハウツー本

本書の目的は、児童福祉施設などで積極的に性教育が展開され、発展するためのきっかけになることです。目指すのは、施設職員にとってのハウツー本となることです。そのため、理想論ではなく、私たちの〝活きた実践〟を記しました。

さて、簡単に本書の説明をいたします。理論編では、世界で先駆的に性教育を実施している各国を中心に紹介した後に、わが国の性教育の現状をまとめています。その後、「なぜ児童養護施設では、一般家庭よりも性教育が重要なのか」を記しました。

そして本書の本丸である実践編では、当施設における性教育委員会の発足と現在に至るまでの経過を、そして、子どもへの取り組み、職員への取り組みを委員会独自で作成した多くの資料画像とともに記載しています。事例を基にしたコラム、当施設職員研修会で作成したチェックリストなども載せました。これから性教育委員会を施設内で立ち上げようとしている方や、すでに委員会は存在しているものの閉塞感を感じている方への示唆になれば幸いです。

本書は、私たちの取り組みの集大成ではありません。性教育委員会は発足時から「性加害・被害を出さない。繰り返さない」というテーマを一貫して掲げてきました。これは、児童養護施設にとって永続的なテーマでありますから、性教育委員会の活動も永続的でなくてはなりません。本書も経過報告という立ち位置での発表となりますことをご了承ください。

性教育委員会会長　林　知然

もくじ

第三章　児童養護施設等における性教育　47

実践編

資料編

理論編

第一章 世界における性教育

世界における性教育は、若年での妊娠・出産、性的虐待、性的搾取、性暴力、ＨＩＶをはじめとする性感染症、性差別などの問題を背景に、医療・福祉・教育・国際政治・人権などのさまざまな分野における取り組みが合わさるかたちで発展してきました。その歴史と各国の取り組みを見ていくなかで、性教育の国際的なスタンダードについて学んでいきたいと思います。

一．性および性教育に関する世界の動向

◎第二次世界大戦以降の世界

現在の国際社会の動向において、ひとつの起点となっているのは、一九四五年に国際連合（以下、国連）が設立されたことでした。国連は国際の平和と安全を維持すること、

国家間の友好関係を育てること、国際問題の解決と人権尊重の促進に協力すること、そ

性・性教育に関する国際社会の主要な動向

一九四五	国際連合設立
一九四八	国連総会において「世界人権宣言」を採択
一九五二	国際家族計画連盟（IPPF）☆1設立
一九六四	米国性情報・性教育協議会（SIECUS）設立
一九六九	UNFPA（国連人口基金）設立
一九七八	世界性科学学会（現・性の健康世界学会、WAS）設立
一九八一	アメリカでHIV／AIDSの症例が発表される
一九九一	SIECUS「包括的性教育のためのガイドライン　第一版」を発表
一九九三	国連世界人権会議において、「ウィーン宣言及び行動計画」が採択される
一九九四	国際人口開発会議（ICPD）で「性と生殖に関する健康・権利（リプロダクティブヘルス／ライツ）」の概念が提唱される。カイロ行動計画が発表される
一九九六	国連合同エイズ計画（UNAIDS）☆2発足
一九九九	世界性科学学会（WAS）が「性の権利宣言」を採択
二〇〇五	世界性科学学会（WAS）が、性の健康世界学会に改称され、「モントリオール宣言」を発表する
二〇〇九	国際連合教育科学文化機関（UNESCO）が「International technical guidance on sexuality education（国際セクシュアリティ教育ガイダンス）」を発表
二〇一〇	WHO／EURとドイツのBZgAが共同して「Standards for Sexuality Education in Europe（ヨーロッパ標準）」を発表
二〇一九	ICPD二五周年として、ナイロビサミットが開催され、カイロ行動計画の達成状況と今後の行動計画について確認された

☆1　一五〇ヵ国以上の加盟協会を擁するNGO。セクシュアル・リプロダクティブヘルスサービスを提供している。

☆2　国連の十一の機関が一体となり、各国のエイズ対策への支援の強化や、ガイドラインの作成、研究、技術の支援などを行なっている。

して各国の行動を調和させるために中心的役割を果たすこと、という四つの目的のために活動をしています。二〇二〇年四月現在で一九三ヵ国が加盟し、現在ある国際機関のなかで最も広範な権限を持つ組織です。国連は六つの主要機関のほかに、国連と連携関係を持ちつつも独立した専門機関、基金、計画と呼ばれる組織（WHO、UNICEF、UNESCOなど）があります。性教育に関する世界の動向を見ていくうえでも、国連の動きは重要な役割を果たしています。

一九四八年には国連総会において「世界人権宣言」が採択され、基本的人権の尊重が国際社会のなかで初めてきちんと宣言されました。この「世界人権宣言」はこれ以降の人権運動や社会運動の流れをつくっていったと思われます。

欧米諸国における一九六〇年代はさまざまな社会運動やカウンターカルチャーが生み出された時代でした。それまでの禁欲的な社会に対して、より自由で解放された社会を求める人々によって、公民権運動やフェミニズム運動、そしてゲイ解放運動など、たくさんの社会運動が拡がりました。その流れは当然、人々の性に対する考え方にも影響をおよぼしました。一九六〇年に経口避妊薬が販売され、婚姻関係以外の性的関係についても容認されるようになり、「フリーラブ」[☆3]「生殖を目的としないレクリエーションセックス」といった概念が拡がりました。この大きな変動は「性革命」「性解放」と呼ばれ、ポルノの解禁や婚前セックスの一般化、人工妊娠中絶の合法化などにつながりました。この一九六〇年代に、アメリカでは正確な性情報を提供することを目的にSIECUS[☆4]

☆3　結婚などの法律や制度に縛られない、個人の自由意志に基づいた恋愛のかたち、またそれを主義とした運動のこと。

☆4　Sexuality Information and

（米国性情報・性教育協議会）が設立され、国連においては性と生殖にまつわる保健機関としてＵＮＦＰＡ[☆5]（国連人口基金）が設立されました。

この「性革命」「性解放」の流れはこの後大きな社会問題を生み出していきました。一九八〇年代に入ると、離婚の増加や若年・未婚の母親の増加、家庭の養育機能の低下による少年犯罪の増加、そしてそのことからくる医療費・社会福祉費の増加といった問題がみられるようになりました。さらには、一九八一年にアメリカでＨＩＶ／ＡＩＤＳの最初の症例が発表され、その後わずか十年で感染者は世界中に一〇〇万人まで拡がっていきました。当初は感染者に同性愛者が多かったことから、「ゲイキャンサー（ゲイの癌）」と呼ばれ、同性愛者への偏見・差別がみられました。しかし、その後異性間の性行為や出産時の母子感染も起こり得ることが知られるようになり、ＨＩＶ／ＡＩＤＳの感染予防や差別・偏見の問題、同性愛者への差別・偏見の問題などが一般的な問題として認知されるようになりました。このことは、一九九〇年代以降の性教育に大きな影響をおよぼしました。

◎包括的性教育の登場

一九九〇年代に入り、前記の社会問題に対する各種の取り組みが結実しはじめます。まず、一九九一年にＳＩＥＣＵＳが「包括的性教育のためのガイドライン　第一版」を発表しました。このなかで、ＳＩＥＣＵＳはこれまでの性教育を見直し、新たな性教育の

Education Council of the United State の略。アメリカのＮＰＯ団体。性に関する情報収集や発信、ガイドラインなどの開発、包括的性教育の促進などの活動をしている。

☆5　性と生殖に関する健康や、若者の妊娠や児童婚を防ぐ取り組み、ジェンダーの平等や人権など、性と生殖を取り巻くさまざまな問題に取り組んでいる国連機関。

あり方として、「包括的性教育」を提示しました。「包括的性教育」とは、性を生涯にわたる課題として捉え、性交や出産だけではなく、人との関わり方や価値観などさまざまな側面から考えていこうとするものです。このガイドラインは多くの国で翻訳され、各国の性教育に影響を与えています。一九九三年には国連世界人権会議[☆6]において「ウィーン宣言及び行動計画」[★1]が採択され、そのなかで初めて「女性と少女の人権は不可譲、不可欠で不可分の普遍的人権である」ことが記されました。そして各国政府、機関、NGOなどに対して、女性および少女の人権の保護の強化を求めたのです。そして、翌一九九四年の国際人口開発会議[☆7]（ICPD）において、世界の人口政策を考える大きな柱として、「リプロダクティブヘルス／ライツ」の推進が提唱されました。「リプロダクティブヘルス／ライツ」とは、性と生殖において健康（良好な状態）である権利があること、そのために適切な情報やサービスを受ける権利があることを意味しています。女性・生殖に限定されず、さまざまな性、ジェンダー、性的指向なども含むとして、「セクシュアルヘルス／ライツ（性と生殖に関わる健康や権利）」という言葉で表現されることもあります。その後、一九九九年に「性の権利宣言[★2]（二〇一四年改訂）」、「セクシュアル・ヘルスの推進：行動のための提言」[★3]など、さまざまな国や機関が「セクシュアルヘルス／ライツ」についての議論を深めていきました。そして、二〇〇五年、性の健康世界学会（WAS）[☆8]がそれらをまとめるかたちで「モントリオール宣言」[★4]を発表します。この宣言のなかでは、「個人的・社会的責任と平等な社会的交流を育みつつ、『性の健康』を推進

☆6 ウィーンで開催された人権に関する国連主催の会議。一七一ヵ国の代表が参加。

★1 「ウィーン宣言及び行動計画」、一九九三年 <https://www.unic.or.jp/files/Vienna.pdf>（参照：2020/12/25）

☆7 カイロで開催された国連の人口会議。一七九ヵ国の代表が参加。

★2 World Association for Sexual health. "Declaration of Sexual rights",2014. 東優子・中尾美樹ほか（訳）「性の権利宣言」https://worldsexualhealth.net/wp-content/uploads/2014/10/DSR-Japanese.pdf（参照：2020/06/29）

★3 Pan American Health Organization, World Health Organization. "Promotion of

することが生活の質の向上と平和の実現に繋がっていく」とし、「性の権利」や「包括的性教育」の重要性を世界に提言しています。

こうした世界の流れを受け、二〇〇九年、国際連合教育科学文化機関[☆9]（UNESCO）が「国際セクシュアリティ教育ガイダンス[★5]（International Technical Guidance on Sexuality Education）」を開発しました。日本では二〇一七年に翻訳版が出版されたばかりですが、二〇一八年一月には早くも改訂版がUNESCOから発表されています。最初に発表されたガイダンスでは、六つの基本的構想（①人間関係、②価値観・態度・スキル、③文化・社会・人権、④人間の発達、⑤性的行動、⑥性と生殖に関する健康）が

モントリオール宣言[★4]

1. すべての人々の「性の権利」を認識し、促進し、保証し、保護する
2. ジェンダーの平等を促進させる
3. あらゆる形態の性暴力および性的虐待を排除する
4. セクシュアリティに関する包括的な情報や教育を広く提供する
5. 生殖に関する健康（リプロダクティブ・ヘルス）のプログラムの中心的課題は「性の健康」であるという認識を確立する
6. HIV／AIDSや他の性感染症（STI）の蔓延を阻止し、状況を改善する
7. 性に関する悩み、性機能不全、性障害の存在を認識し、それらに取り組み、治療する
8. 性の喜びは幸福（well-being）の一要素であるという認識を確立する

sexual health recommendations for action" 松本清一・宮原忍（訳・監修）『セクシュアル・ヘルスの推進：行動のための提言』、二〇〇三年、日本性教育協会

☆8 World Association for Sexual Health の略。世界各国の性科学者による国際研究者組織で、性の健康と権利に関する活動をしている。

★4 World Association for Sexual Health. Montreal Declaration "Sexual Health for the Millennium", 2005. https://worldsexualhealth.net/wp-content/uploads/2013/08/montreal-declaration.pdf（参照：2020/12/25）
日本語訳 https://www.jase.faje.or.jp/pdf/montreal_declaration_a4.pdf

☆9 教育、科学、文化の発展と推進を目的とした、国連の専門機関。

掲げられ、実に幅広い内容が学習目標として設定されています。このガイダンスでは各項目の学習のなかで、正確な情報を教えるだけでなく、個人の価値観や責任、態度を考えさせること、対人関係のスキルを学ぶことなども含まれており、まさに「包括的」な内容となっています。[★6]改訂版では基本的構想が八つ（①関係性、②価値・権利・文化・セクシュアリティ、③ジェンダー、④暴力と安全にとどまること、⑤健康と幸福〔well-being〕のためのスキル、⑥人間の体と発達、⑦セクシュアリティと性行動、⑧性と生殖に関する健康）に拡大され、さらに幅広い内容をあつかっています。

　翌二〇一〇年には、ＷＨＯ／ＥＵＲとドイツの[☆10]ＢＺｇＡが共同して[★7]「ヨーロッパ標準（Standards for Sexuality Education in Europe）」が発表されました。このヨーロッパ標準では、①人間の身体と人間の発達、②受精と生殖、③セクシュアリティ、④情緒、⑤人間関係とライフスタイル、⑥セクシュアリティ、健康、well-being、⑦セクシュアリティと権利、⑧セクシュアリティの社会的・文化的決定要因（価値観／規範）、というテーマについて、各年齢段階で学ぶべき情報・知識、スキル、態度が明記されています。ＵＮＥＳＣＯのガイダンスでは五歳以上の子どもたちを対象にしていますが、ヨーロッパ標準では〇～四歳の子どもたちも対象に含んでいることが特徴です。四歳以前の子どもたちにも性教育が必要な理由について、子どもたちは産まれた瞬間から言語的・非言語的方法でさまざまなことを学んでいること、両親が無意識であっても両親のやり方はジェンダー役割や対人関係、セクシュアリティなどのモデルとなっていること、子

★5 UNESCO, ed. International technical guidance on sexuality education: an evidence-informed approach for schools, teachers and health educators, 2009. 浅井春夫・艮香織・田代美江子・渡辺大輔（訳）『国際セクシュアリティ教育ガイダンス』、二〇一七年、明石書店

★6 UNESCO, ed. Revised edition International technical guidance on sexuality education: an evidence-informed approach, 2018. 浅井春夫・艮香織・田代美江子・渡辺大輔（訳）『国際セクシュアリティ教育ガイダンス』、二〇二〇年、明石書店

☆10 健康教育連邦中央機関。ドイツの連邦行政機関のひとつ。

★7 WHO Regional Office for Europe and BZgA, ed. Standards for Sexuality Education in Europe: a framework for policy

どもたちは自然なかたちで性について学んでいくが、積極的に教えていくことでその補完ができること、性について肯定的にそして楽しんで学ぶことができること、を挙げています。たとえば、〇～四歳の①人間の身体と人間の発達のテーマでは、身体の機能や性別による身体の違いについて学ぶために、体の名称を覚えたり体を洗うスキルを身につけたりすることなどが項目としてあげられています。

国際社会の動向からわかるように、セクシュアルヘルス／ライツ（性と生殖に関わる健康や権利）がさまざまな問題の背景にあることがわかります。それは、私たちの「生」と「性」が深く結びついているためです。性の健康世界学会は[☆11]「性の権利宣言」で次のように述べています。

> セクシュアリティ（性）は、生涯を通じて人間であることの中心的側面をなし、セックス（生物学的性）、ジェンダー・アイデンティティ（性自認）とジェンダー・ロール（性役割）、性的指向、エロティシズム、喜び、親密さ、生殖がそこに含まれる。（中略）セクシュアリティは喜びとwell-being（良好な状態・幸福・安寧・福祉）の源であり、全体的な充足感と満足感に寄与するものである。

この「生」と「性」の深い結びつきを理解し、かつそれを実現していくために必要な

makers, educational and healty authorities and specialists, 2010.

☆11 World Association for Sexual health, 前掲

のが正しい情報の提供と教育です。現在の性教育は「包括的性教育」という考え方が世界のスタンダードになっています。もちろん、世界各国のなかでも、国や宗教、文化によって保守的な立場からの主張も存在していたり、地域による格差がみられたりと常に課題は山積しています。しかし問題から目をそむけずに取り組んでいるという点では学ぶべきことが多いように思います。

二．世界の性教育の実際

次に世界の性教育の実践について、いくつかの国の例をみていきたいと思います。それぞれの国の性教育の取り組みは、その国の文化や宗教、歴史、社会制度、そのときどきの社会問題や政治などが密に関わっています。

◇アメリカ

文化・風土：宗教的背景からもともと禁欲主義が強い国です。また、国土も広く、多様であるがゆえに、州・地域・学校などの違いが大きく、さまざまな点で格差がみられることも特徴です。

性に関する特徴：一九七〇年代から十代女性の出産が大きな社会問題として取り上げ

られてきました。この問題は社会福祉制度の問題、貧困、宗教や人種問題、社会的階層の問題、中絶にまつわる論争など、さまざまな背景を抱えています。また、性風俗への規制・罰則が厳しいのが特徴でもあります。

同性婚に対しては、各州の州法で合法化されたのち、二〇一五年に合衆国最高裁判所がアメリカ合衆国のすべての州での同性結婚を認める判決をだしました。

性教育の特徴：一九〇〇年代ごろから性病の予防教育として、性教育が行なわれていました。十代女性の出産という大きな社会問題が生じた後、一九九〇年代には婚外の性交渉を一切禁止し、避妊については教えないという徹底した節制教育に政府の莫大な予算が投じられました。現在では包括的性教育が主流となっていますが、徹底した節制教育を主張する立場、両者を折衷した立場があり、それぞれが主張を続けています。

◇オランダ

文化・風土：移民・難民を多く受け入れてきた歴史があるため、多様性に対して寛容であり、さまざまな点で自由度が高いといわれています。その分個人の責任が大きく問われる国でもあります。

性に関する特徴：二〇〇〇年に売春を合法化しました。国の管理下におくことで、衛生状態の向上とそれに伴う性感染症感染率の低下、女性たちの保障の充実などが実現したといわれています。ただ近年は若者の間で売春禁止を求める（買春を罰する）動きもみられています。

二〇〇一年には世界で初めて、異性同士の婚姻制度とまったく同じ制度で同性同士の結婚が認められました。また、一九八五年にはヨーロッパのなかでも先進的にトランスジェンダーが自らの性別を変更できる法律を導入しました。その後、ドイツやポルトガルなどに後れを取るかたちではありましたが、二〇一四年にこの法律が改正され、身分証明書などの性別変更のための申請条件[☆12]（ホルモン剤の服用や手術など）が廃止されました。ただし、専門家の意見書を必要としており、この点については今後の改正の論点になっています。

性教育の特徴：性教育は二〇一二年に義務化されました。自由な教育制度のもと、包括的な性教育が行なわれています。学校の授業だけでなく、学外のさまざまな民間団体と連携し、インタラクティブゲーム[☆13]の使用など、教材にも工夫がみられます。多様なセクシュアリティ、性暴力、ポルノの問題を取りあつかったり、多文化であるために「処女観念」について考えさせる課題があったりと、内容も幅広いものになっています。

◇フィンランド

文化・風土：生産性の低い土地であったためか、農業時代から女性も男性と同じく

☆12 日本における性別変更申請条件は、①二人以上の医師による性同一性障害の診断、②二十歳以上、③婚姻をしていない、④未成年の子がいない、⑤生殖腺がないこと、または生殖腺の機能を永続的に欠く状態にある、⑥他の性別の性器の部分に近似する外観を備えている、の六点。

☆13 双方向にやりとりをするゲーム。プレイヤーの操作に応じて内容が変化していくようなゲームを指す。

らい働き、発言権を持っていました。そのため、ジェンダー平等の考え方が強い国です。二〇一九年のジェンダーギャップ指数[☆14]では、世界一五三ヵ国のうち三位となりました（ちなみに日本は一二一位です）。

性に関する特徴：ピル容認は一九六一年、「ジェンダー平等と差別禁止法」という法律ができたのは二〇一五年、二〇一七年には同性同士の法律婚が認められるようになりました。妊娠期から小学校就学前まで同じ担当者が相談援助にあたる「ネウボラ」、ベビーケアアイテムやベビー服など約六十点が入った「育児パッケージ」の無料配布など、手厚い子育て支援があるのも特徴のひとつです。

性教育の特徴：一九七〇年代から性教育は必修となりました。一九九〇年半ばに経済不況が起き、財源不足から性教育は選択制になりましたが、その結果、若者の中絶件数は上昇し、クラミジア感染者数も増大したことを受け、二〇〇六年に再び必修科目となりました。カリキュラムは地方教育行政・学校・教師・保護者の協力によって作成され、具体的事例・具体的スキルについて、多く取り上げられています。交際には別れがある、ということを考えさせる項目もあります。

◇フランス

文化・風土：多民族国家であり、伝統的に移民・難民を多く受け入れてきた国です。早くから少子化対策に取り組み、出産と育児を支援する制度が整備されています。法

☆14　世界経済フォーラム（ＷＥＦ）が毎年発表をしている各国の男女格差を測る指標。ＷＥＦは、国際的な経済問題に取り組むために、政治・経済・学術などの分野におけるリーダー層の交流促進を目的として活動している非営利団体。各国の政治家のみならず、企業のリーダーなども参加し、官民連携して活動している。

律婚にとらわれず、連帯市民協約（非婚であっても社会保障や税金の面で法律婚と同等の保障を受けられる）など、「新しい家族のかたち」に寛容だといわれています。

性に関する特徴：二〇一三年、同性婚が法制化されました。フランスには「プランニング・ファミリアル（家族計画センター）」という非営利団体があり、避妊の相談や診察・治療、そのほかの相談に応じています。性教育の講師の派遣もしています。

性教育の特徴：歴史的には、カトリック教会の影響が大きかったため、性教育は禁止されていました。一九六七年に避妊が公認され、性教育が教育課程基準に加わり、一九九八年には性教育が「生物」として必修化されました。そのため、性や生殖を科学として説明する、性の多様性についても胎児の性分化の時点から解説をしています。さまざまな避妊法について、データや写真を交えて詳しく解説をしているのも特徴です。法制度の変遷や価値観の変化、社会運動（ゲイ・パレードなど）なども取りあげられています。

◇中国

文化・風土：一九七〇年代に世界一の人口を抱える状況となり、人口増加の抑制のために一九七九年から「一人っ子政策」が実施されました。産児制限や中絶の強制の実態として、刑罰や暴力による過度な強制もあったといわれています。こういった社会的背景から、「女性の人権」保障のための法整備が少しずつ進められているのが現状です。

ちなみに「一人っ子政策」は少子化を理由に二〇一五年には廃止、二〇一六年からは「二人っ子政策」に転換しています。

性に関する特徴：女性の地位を高め、女性の権益を保護するための法律として、一九九二年に「中国婦人権益保護法」が施行されました。この法律は二〇〇五年に改正され、女児に対する義務教育の保障が加えられました。

性教育の特徴：一九八八年以降に性教育が正式に位置づけられ、「青春期教育」として教えられるようになりました。一九九四年以降は国際的な動向を受け、教育計画の見直しと策定、ＨＩＶ感染の予防とコントロールの計画など、性教育の基盤となるような政策法規がつぎつぎと成立されていきました。

包括的な性教育への制度的基盤は整えつつも、中国固有の家族観・道徳観がいまだ強い影響をもっていることは否めません。性交にはふれない、異性愛が前提となっている、といった課題もまだみられます。性的侵害などについても取りあげようとはしていますが、保護者からは賛否両論あり、正式な教科書としては使われていないという現状もあります。

また、流動児童[☆15]・留守児童[☆16]に対し、そもそも教育が行き届かないという問題も別に存在しています。

☆15　地方から出稼ぎにきた親に連れられ都市部へ移り住んだものの、正式な転出入の手続きをせず、居場所を転々としている子どもたちのこと。彼らは戸籍が居住地にないために、得られるはずの教育・医療サービスを受けることができない。

☆16　親が都市部に出稼ぎに行くために農村部に残される子どもたちのこと。貧困や十分な教育が受けられない、犯罪に巻き込まれやすいなどの問題を抱えている。

◇韓国

文化・風土：仏教、キリスト教が主な宗教ではありますが、社会・文化に儒教思想の影響を強く受けているといわれています。そのために、性に関することをオープンにすることには抵抗感が強くみられました。

性に関する特徴：一九八〇年代、民主化運動のなかで女性団体がいくつか誕生し、その後一九九〇年代以降女性運動が活発化していきました。性暴力の問題や男女平等の問題に取り組むなかで、性教育の実践も充実してきたところがあります。また、韓国は日本と同じく堕胎罪が刑法で定められていますが、二〇一九年四月、韓国の憲法裁判所はこれを違憲だとして、二〇二〇年末までに刑法を改正するよう命じました。実際には日本と同じく一定条件のもとであれば人工妊娠中絶をすることはできるのですが、この決定は女性が自ら決断する権利を重んじたものだと考えられています。

性教育の特徴：一九七〇年代に入り、韓国社会の急激な産業化に伴い、欧米文化が拡がりはじめたことを受け、一九八〇年代には学校で性教育を実施するという公式発表がありましたが、ほとんど実施されませんでした。二〇〇〇年になって、積極的な学校性教育推進に乗りだし、「性教育教授・学習資料開発支援計画」を発表しています。性教育の内容は包括的であり、科学的知識だけでなく、社会的役割、価値観など幅広い内容が盛り込まれています。また、性暴力やセクシャル・ハラスメント、性売買の予防教育が重視されているのも特徴的です。

各国の取り組みをみると、それぞれの国の文化・風土・社会問題などが性教育に大きく影響をしていることがわかります。先駆的な取り組みのなかでは、科学的な性の知識だけでなく、具体的なスキルや、多様な価値観についても積極的に取りあつかっているのが印象的です。また、公的な教育制度とともに民間団体が協力することで、性教育にふれる機会が増え、より広く性教育を行き渡らせることができるようになることがわかりました。

第二章 日本における性教育

一．日本における性教育

この章では、日本の性についての歴史的変遷を概観します。また、二〇〇〇年代に起きた学校教育・性教育バッシングと現在の学校教育における性教育の実態と「青少年の性行動」を比較します。

◎古来から近代化に至るまでの性文化

日本国の誕生を書物で最初に確認できるのは、奈良時代に成立した『日本書紀』[☆1]であるとされています。この古来の書物においても、性に関する記述が確認できます。

『図録 性の日本史』[★1]によると、「伊弉諾尊《イザナギノミコト》と伊弉冉尊《イザナミノミコト》が地上に国土を作ろうと、（略）天

☆1 広辞苑によると「奈良時代に完成した日本最古の歴史書」。

★1 笹間良彦、一九九六年、雄山閣出版

の瓊矛《ヌボコ》を天から下界に挿しおろして（略）」、「古来男性は陽で天、女性は陰で地、天地合体（陰陽合体）して物が生まれる」とし、天地のはじまりを男女の交わりと重ね合わせています。

また、「日本国の島々や、山川草木、天照大神（略）」を生んだ、いわゆる「国生み」についても、「イザナミノミコトは『わたくしは立派に成人しましたが、男性の肉体より一つ足りない所があります』、またイザナギノミコトは『わたしは立派に成人したが女性より一つ余分に出っ張った部分がある』と言う。この足りない部分と、余分な部分を合わせれば、ちょうど良いのではないかと媾合《マグワイ》を行うことになった。陰陽合体して国や子孫（神々）を生もうというのである」と解説をしています。日本書紀には、ほかにも性に関する記述がみられます。わが国で現存している最古の書物[☆2]『古事記』や[☆3]『日本霊《にほんれい》異記《いき》』などの歴史書からも性に関する説話は多く散見されます。

[★2]『盆踊り　乱交の民俗学』では「見知らぬ相手との性関係は、つい最近まで日本人の性関係の基本とされていたという事実である」と記しています。この「つい最近」は、太平洋戦争が終わったころまで残っていたと記録上で確認できるとしています。さらには、「見知らぬ男女の性関係は、変態どころか、それが日本人の性関係の基本の一つであり、社会構造の根幹に組み入れられていた」と指摘をしており、「盆踊り」はその象徴であったようです。たとえば徳島の「阿波踊り」は伝統芸能であり、かつ観光名物としても有名です。現在では、性的なニュアンスは感じられませんが、本来は年に一度の乱交の場

☆2　広辞苑によると「日本書紀同様に、日本最古の歴史書」。

☆3　広辞苑によると正しくは、『日本国現報善悪霊異記（にほんこくげんほうぜんあくりょういき）』という。平安時代初期の仏教説話集。

★2　下川耿史、二〇一一年、作品社

であったと指摘をしています。ほかにも「夜這い」[☆4]は現代でも同様の意味ですが、「雑魚寝」[☆5]も古来では性的意味をおおいに含んだ言葉であります。

江戸時代の幕末に発生した黒船来航で日本文化を知ったペリーによる『ペリー提督日本遠征記　下』[★3]では、「裸でも気にせず男女混浴をしている公衆浴場を目の当たりにすると（略）日本の下層階級の人々は、たいていの東洋諸国より道徳心が高いにもかかわらず、淫らであるのは間違いない」「猥褻《わいせつ》な挿し絵付きの大衆文学には、（略）その淫猥さはうんざりするほど露骨であるばかりでなく、汚れた堕落の恥ずべき指標だった」と記されています。

これまで記してきたように、日本は、近代化に至る前は性に関しておおらかな文化であったことがわかります。それでは、次に明治以降の性教育を観察します。

大政奉還から明治時代に突入する前後、先述した公衆浴場の様子や猥褻な挿し絵つきの大衆文学が存在することから、「幕府にしろ新政府にしろ『外国人に恥をさらすようなことは、いっさい許すな』というのが日本政府の基本姿勢」でした。一八六八年八月には、混浴禁止が命じられました。その後、明治時代だけで八十回以上の混浴禁止令（府県レベル含む）が発令されましたが、庶民の抵抗も激しかったようです。その後、大正時代と昭和時代初期を経て、第二次世界大戦敗退後に、いわゆる「純潔教育」がスタートします。一九七〇年代以降は、女性解放運動などを背景に「純潔」という名称への批判も高まり、「性教育」という名称が一般化しました。

☆4　広辞苑によると「女性の寝所へ忍び入る」こと。

☆5　広辞苑によると「神社などに男女が集まり入りまじって一夜を明かした民間習俗」。

★3　M・C・ペリー、F・L・ホークス＝編纂、宮崎壽子＝監訳、二〇一四年、KADOKAWA

◎学校教育・性教育バッシング

一九九五年に発刊された「科学・人権・自立・共生の性教育」と題したシリーズ全八巻は、多くの臨床現場に立つ実践者による事例が掲載されています。例として、第三巻『中学校の性教育』[★4]で紹介されているひとつの公立中学校での〝学級活動〟の授業風景を取りあげます。

対象である中学校三年生に対して、「性交を語らずに、避妊は語れない」と、性交を正確に伝えたうえで、人工妊娠中絶の件数を取りあげています。また、避妊具の説明をして、コンドームを実際に棒に取りつける授業を展開しています。またこれらのことについて生徒同士で意見交換ができるようにグループワークを展開しています。このような性教育が学校教育内で実践され、紙面において発表されていたのです。このように、科学に基づいた性教育の萌芽が訪れるかと思われました。

しかしながら二〇〇〇年代に入り、性教育バッシングが起きました。二〇〇二年に厚生労働省の外郭団体が作成し、中学生用の副読本として配布された『教えて！聞きたい！思春期のためのラブ&ボディBOOK　男の子のからだと心　女の子のからだと心』[★5]がいきすぎた性教育と批判を浴びて、廃棄処分になりました。

筆者も実際に手に取って確認をしてみました。コンドームの正しい使い方などを紹介しています。同時に中学生のセックスについて、「どう責任をとるか考えたことはある？

★4　〝人間と性〟教育研究協議会編、一九九五年、あゆみ出版

★5　財団法人母子衛生研究会、二〇〇二年、財団法人母子衛生研究会

『教えて！ 聞きたい！ 思春期のためのラブ＆ボディBOOK　男の子のからだと心　女の子のからだと心』

人生経験が少ない中学生が責任をとれる範囲はかぎられているよね」「ふたりの関係にセックスが必要？」「『いま』じゃないとダメ？」「セックスをしたことでおこりそうなトラブルについて真剣に考えた？」「（男女）対等で、心もからだも成熟した大人がすることなんだ」と性行為をすることについて、中学生自身に問いかける記載がみられました。

二〇〇三年には、「七生養護学校事件（現七生特別支援学校）」が起きます。東京都日野市に位置する知的障がいのある子どもを対象とした学校です。日本の（特に）学校現場における性教育の在り方を大きく揺るがしたのが、この七生養護学校事件です。『性教育裁判――七生養護学校事件が残したもの』[★6]には次のように記載されています。

障害があるということは、今の社会の中ではともすれば差別され、否定感が伴います。もともと自信がない上に不安感が増大する中、時に子どもたちの気持ちは荒れていきます。

教員たちはこのような子どもたちが起こす男女の性的問題に直面し、これを解決するために、背景にあるものを見つめ、どうしたら目の前の荒れる子どもたちに声が伝えられるのか、優しさが届けられるのか、父母も含め教師集団で協議して試行錯誤を繰り返し、障害のある子にふさわしい性教育の教育課程を創り上げてきました。子どもたちにとって、他人に受け入れられるという安心感や心地よさはとても大

★6　児玉勇二、二〇〇九年、岩波書店

切です。狭い意味の性教育ではなく、より人生を豊かに過ごしていけるように「人との関わり」を大事にしながら、「性＝生きる」をテーマにしていったのです。

七生養護学校ではこの「こころとからだの学習」と呼ばれた性教育を学校の特色のひとつと位置づけて、公表もしていました。保護者はもちろん、地域の方たちにも積極的に授業公開しながら、意見を出し合ってきていました。東京都の研修会などで積極的に発表もしていました。教育介入の起こる前年度まで、知的障害養護学校校長会・教頭会主催、都教育委員会後援の研修にも講師として依頼され報告し、高い評価を得ていたのです。

しかしながら、二〇〇三年七月二日の都議会において、都議から七生養護学校の性教育は、「不適切な性教育」との発言があり、当時の東京都知事、東京都教育長も同調した意見を述べました。その二日後である七月四日には、先述した都議会において否定的な発言をした都議を加えた都議三名と市議や区議、東京都教育委員会職員、産経新聞社記者が七生養護学校を訪れ、性教育の教材を持ち出し、並べて撮影をしました。また、書籍やビデオ、人形など一四五点の性教育を実施するうえでの教材を教育庁に提出させられています。さらには、「心地よいリズムの中　先生とじっくり気持ちを通わせながらあたま、くび、かた、…と　からだの部位を覚え　自分のからだを実感し、大切にする気持ちを育みます」という目的で作られた「からだうた」の歌詞に性器の名称が含まれていることで非難を受けました。また、七生養護学校教師への取り調べのような調査が行なわれました。

その後、東京都教育委員会より、七生養護学校だけでなく、都立盲・ろう・養護学校を対象とした性教育の見直しが通達されます。七生養護学校関係者だけでなく、服務規律違反を理由として大量に処分（停職・降格・減給など）をし、大量に異動がなされ、従来の授業実施は不可能となりました。教師は、東京弁護士会に人権救済の申し立てをしましたが、都議も東京都教育委員会もこの申し立てを無視しました。そのため、訴訟に発展し、いわゆる「こころとからだの学習裁判」が二〇〇五年より開始されます。二〇〇九年三月の東京地裁の判決、二〇一一年九月の東京高等裁判所の判決を経て、二〇一三年十一月の最高裁判所による「上告棄却・不受理」の決定がなされます。左記は、判決文からの抜粋です。

（前略）知的障害を有する児童・生徒は、肉体的には健常な児童・生徒と変わらないのに、理解力、判断力、想像力、表現力、適応力等が十分備わっていないがゆえに、また、性の被害者あるいは加害者になりやすいことから、むしろ、より早期に、より平易に、より具体的（視覚的）に、より明瞭に、より端的に、より誇張して、繰り返し教えるということなどが「発達段階に応じた」教育であるという考え方も、十分に成り立ち得るものと考えられ、（中略）

性教育に関する今日的な課題として、性行動が早期化・低年齢化していることや児童・生徒の意識の変化、性に関する様々な課題に適切に対処できていない状況等を指摘し、学校における性教育が不十分であり、これを一層充実させていく必要がある旨を述べている。このような基本認識に立つときは、健常な児童・生徒に対する性教育も、従来に比べてより早期に、より具体的に指導することなどが要請されていると考えることも可能である。（中略）

このように、個々の教員が個人の考えに基づいて独自に行うのではなく、学校全体として、校長を含む教員全体が共通の理解の下に、生徒の実情を踏まえて、保護者等とも連携しながら、指導内容を検討して、組織的、計画的に性教育に取り組むことは、「学校における性教育の考え方、進め方」「性教育の手引き」等が奨励するところであり、これに適合した望ましい取り組みであったということができる。（中略）

本件性教育が本件学習指導要領に違反すると断ずることはできないというほかはない。

この七生養護学校事件については、十年の歳月を経て、性教育の価値について、一定の結論が導き出されました。原告団団長である日暮かをる氏は、「都[★7]議・都教委が七生の性教育を、『不適切な教育』と主張した理由を全面否定したのです」と判決に対して結んでいます。

しかしながら、この性教育バッシングを発端として、全国の学校教育における性教育は自粛ムードとなり、授業時間数でも内容でも全体的に停滞傾向となりました。たとえば、二〇一二年六月四日の毎日新聞東京版の記事では、「全学年で授業を実施する小学校も　埼玉・越谷市立川柳小学校は『心』に重点　『〇三年事件』で自粛ムード」として取りあげられています。

二．学校教育での性教育

学校性教育バッシング・自粛ムードは、学校の学習指導要領に相互的に影響を与えました。「包括的性教育」においては、性的行動だけでなく、文化や他者関係、発達などの人間の活動すべてを包括的に示す必要がありますが、あえて、ここでは、「性教育」に直接的に関連しそうな言葉・文章を学習指導要領[☆6]（解説）・教科書からひろっていきます。

★7　日暮かをる「皆さんの熱い思いに支えられ—七生養護学校『ここから裁判』都議と都教委の敗訴確定—」、「季刊セクシュアリティ」六四、二〇一四年、一〇〇－一〇三頁

☆6　広辞苑によると「文部科学大臣が公示する小学校・中学校・高等学校・特別支援学校などの教育課程の大綱的基準」。

◎小学校学習指導要領

まずは、二〇一七年改訂の『小学校学習指導要領解説　理科編』[★8]をみてみましょう。小学五年生「動物の誕生」内で、動物の発生や成長、卵や胎児に着目すること、雌雄が存在することなどの記載があります。また、「人は、母体内で成長して生まれること」「受精した卵が母体内で少しずつ成長して体ができていくことや、母体内でへその緒を通して養分をもらって成長することを捉えるようにする」との文章も確認できますが、「人の受精に至る過程は取り扱わないものとする」「人の卵と精子が受精に至る過程については取り扱わないものとする」と禁止事項を付していることが確認できます。

次に、『体育編』[★9]では、小学三年生および四年生「体の発育・発達」内で、「体は年齢に伴って変化すること」「体の発育・発達には、個人差があること」「思春期になると次第に大人の体に近づき、体つきが変わったり、初経、精通などが起こったりすること」「異性への関心が芽生えること」との記載がみられます。

◎中学校学習指導要領

次に『中学校学習指導要領』[★10]『中学校学習指導要領解説　保健体育編』[★11]をみていきます。「エイズ及び性感染症の予防」として、「（略）エイズの病原体はヒト免疫不全ウイルス（ＨＩＶ）であり、その主な感染経路は性的接触であることから、感染を予防するに

★8　文部科学省、二〇一七年　https://www.mext.go.jp/component/a_menu/education/micro_detail/__icsFiles/afieldfile/2019/03/18/1387017_005_1.pdf（参照：2020/12/25）

★9　文部科学省、二〇一七年　https://www.mext.go.jp/component/a_menu/education/micro_detail/__icsFiles/afieldfile/2019/03/18/1387017_010.pdf（参照：2020/12/25）

★10　文部科学省『中学校学習指導要領　第二章　各教科　第七節　保健体育』、二〇一七年　https://www.mext.go.jp/a_menu/shotou/new-cs/youryou/chu/hotai.htm（参照：2020/12/25）

★11　文部科学省、二〇一七年　https://www.mext.go.jp/component/a_menu/education/micro_detail/__icsFiles/afieldfi

は性的接触をしないこと、コンドームを使うことなどが有効であることにも触れるようにする。（略）」と記載があります。

さらには、「生殖に関わる機能の成熟」内で、「思春期には、（略）男子では射精、女子では月経がみられ、妊娠が可能となることを理解できるようにする。また、身体的な成熟に伴う性的な発達に対応し、個人差はあるものの、性衝動が生じたり、異性への関心などが高まったりすることなどから、異性の尊重、性情報への対処など性に関する適切な態度や行動の選択が必要となることを理解できるようにする」とあります。禁止事項として、「妊娠や出産が可能となるような成熟が始まるという観点から、受精・妊娠を取り扱うものとし、妊娠の経過は取り扱わないものとする」と付しています。

「性的接触」は、性行為などのことを示していると推測されますが、中学生には理解が容易なのでしょうか。この三一一ページにもわたる学習指導要領（解説）内全文で、「保護者」というキーワードが四ヵ所で使用されていますが、「エイズ及び性感染症の予防」「生殖に関わる機能の成熟」の二ヵ所[☆7]で「保護者の理解を得ること」とキーワードが用いられています。なお、「学校全体で共通理解を図ること」という注釈も、この二ヵ所限定で用いられています。

◎高等学校学習指導要領・高等学校保健体育教科書

最後に、二〇一八年改訂の[★12]『高等学校学習指導要領解説　保健体育編』をみます。「（略）

le/2019/03/18/1387018_008.pdf（参照：2020/12/25）

☆7　ほかの二ヵ所は、「特別支援教育」「不登校生徒への配慮」に関すること。

★12　文部科学省、二〇一八年

受精、妊娠、出産とそれに伴う健康課題について理解できるように（略）家族計画の意義や人工妊娠中絶の心身への影響などについても理解できるようにする。（略）妊娠のしやすさを含む男女それぞれの生殖に関わる機能については、必要に応じ関連付けて扱う程度とする」との記載があります。高等学校でも「性行為」というワードはみあたりません。そのため、[★13]高等学校保健体育の教科書を確認したところ、「性行為」という言葉が性感染症を説明する箇所にはみつかりました。しかし、受精・妊娠・出産を説明するトピックスでは、「卵子や精子の受精から始まる妊娠・出産の過程は、[☆8]一般に、母体となる女性の生殖器の内部でおこなわれます」などと記載され、「性行為」という直接的な表現は避けられていることが確認できます。

以上、小・中・高等学校学習指導要領（解説）と高等学校保健体育教科書を観察しました。小学校では妊娠は取りあつかうが、受精は取りあつかわない。中学校では、受精は取りあつかうが性行為は取りあつかわない。高等学校では性行為は取りあつかうが、性行為によって受精という直接的な表現は避けていることがわかります。また、保護者や学校全体のコンセンサスを得るようにと注釈を付則していることを踏まえても、わが国における「性教育」は、センシティブな意味合いを強く含んでいることがわかります。

https://www.mext.go.jp/content/1407073_07_1_2.pdf
（参照：2020/12/25）

★13　和唐正勝、高橋健夫ほか『最新高等保健体育改訂版』、大修館書店、二〇一七年
和唐正勝、髙橋健夫ほか『現代高等保健体育改訂版』、大修館書店、二〇一七年

☆8　人工授精や体外受精等の方法もあるため。

学習指導要領における性教育の範囲

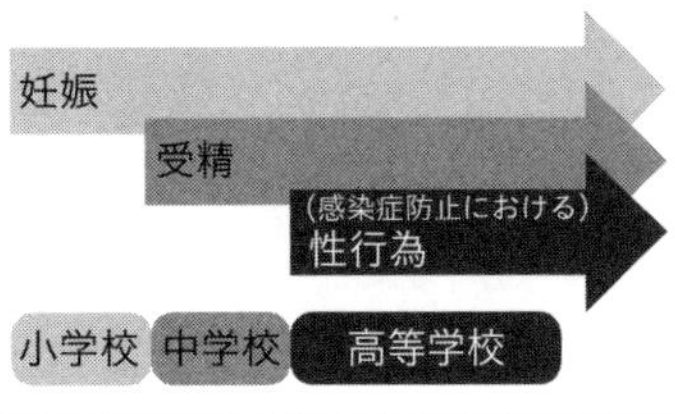

＊小学校、中学校、高等学校の学習指導要領から筆者作成

三、中高生の性行動の実際

◎中高生の性行動

では、実際の中高生の性行動はどうなっているのかを一九七四年からほぼ六年ごとに発行されている『青少年の性行動』★14からみていきます。☆9

八回目調査（二〇一七年）「デート経験率」では、中学生男児二七・〇%、女児二九・二%、高校生男児五四・二%、女児五九・一%となります。「性的なことへ関心を持った経験がある割合」では、中学生男児四六・二%、女児二八・九%、高校生男児七六・九%、女児四二・九%となります。また、「キス経験率」では、中学生男児九・五%、女児十二・六%、高校生男児三一・九%、女児四〇・七%となります（グラフ参照）。年代によって差異は生じていますが、中学生の二〜三人に一人の割合でデートを経験し、二〜三人に一人の割合で性的なことに関心があり、十人に一人の割合でキスを経験しています。高校生は、半数以上がデートを経験し、三人に一人の割合でキスを経験しているという結果です。また、「マスターベーション経験率」は、女児に比べて男児が突出して高いことがわかります。高校生男児は、三人に二人以上が経験しており、女児は、五人に一人が経験をしています。

★14 日本性教育協会編『青少年の性行動 わが国の中学生・高校生・大学生に関する調査報告※（第一回〜第八回）』小学館、一九七五－二〇一八年。※第二・三回のタイトルは「調査報告」ではなく「調査・分析」

☆9 次に示す三項目の調査において、一〜二回目調査では中学生は対象外。

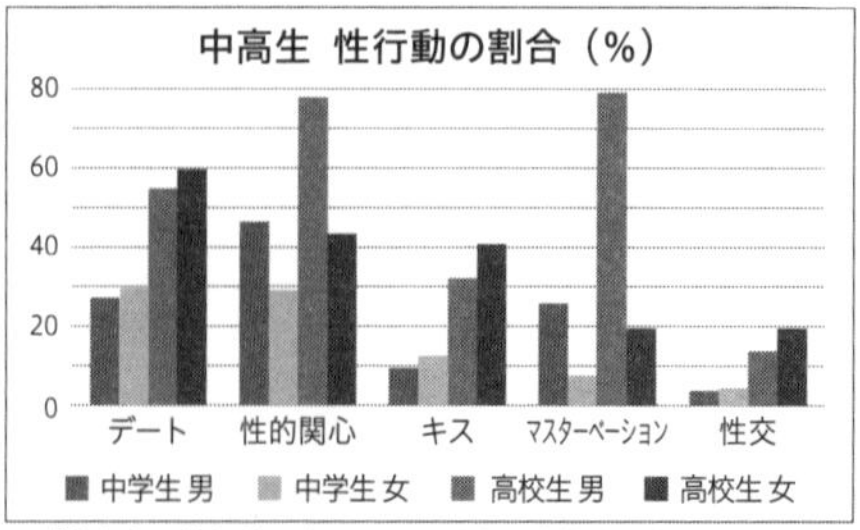

＊『青少年の性行動 わが国の中学生・高校生・大学生に関する第８回調査報告』より筆者作成

「性交経験率」は、中学生男児三・七%・女児四・五%、高校生男児十三・六%・女児十九・三%という結果です。性差は見られますが、高校生の五~七人に一人の割合で性行為を経験しています。中学生であっても女児の場合は、二十人に一人の割合で経験をしていることがわかります。

◎中高生の〝避妊〟の実態

次に、性交経験があると答えた高校生に避妊を実行したかどうかを尋ねています。「いつもしていない」+「場合による」では、男児二七・四%、女児四一・四%となります。また、「いつもしている」+「場合による」を選択した高校生に、その避妊方法を尋ねると男女ともに「コンドーム」が九割を超えていますが、「膣外射精法」を選択することが十五~二〇%程度の割合でみられ、「月経からの日数」も含め、誤った避妊方法を選択することも多いことがわかります。

この調査と同年のデータである『平成二十九年度　衛生行政報告例』[★15]を概観すると、一年間で全数十六万四六二一件の人工妊娠中絶が確認できます。そのうち、十八歳以下の件数は八[☆10]〇一五件であることがわかります。また、十九歳も含めると一万四一二八件におよびます。この件数が多いか少ないかに言及はしませんが、産まれようとする小さな命を絶った（絶たれた）のは事実です。

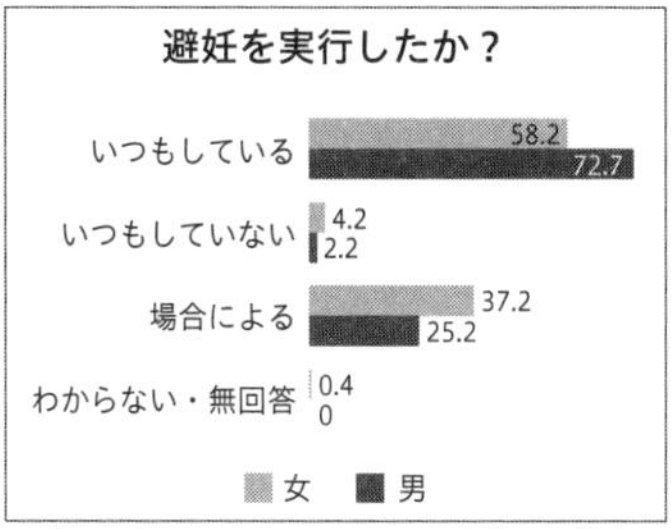

＊『青少年の性行動　わが国の中学生・高校生・大学生に関する第８回調査報告』より筆者作成

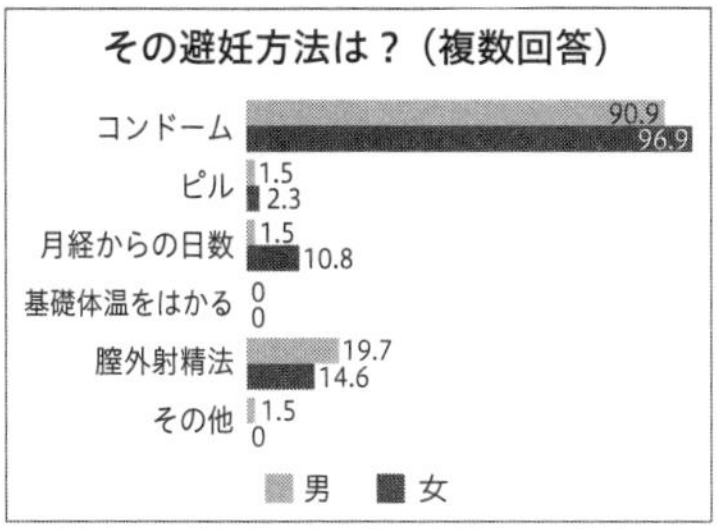

＊『青少年の性行動　わが国の中学生・高校生・大学生に関する第８回調査報告』より筆者作成

★15　厚生労働省政策統括官付参事官付行政報告統計室

四．国内の先駆的な取り組み

◎秋田県の取り組み

このような実態から、学習指導要領を超えて「性教育講座」を実施している取り組みのひとつが秋田県でみられます。一九九八年には二十歳未満の人工妊娠中絶率の全国平均を三％ほど上まわり、さらに一九九九～二〇〇二年の間に五・二～五・六％上まわりました。この状況を改善しようとはじまったのが、秋田県教育庁・秋田県教育委員会が実施した性教育講座講師派遣事業であり、県内の高等学校すべてを対象としました。二〇〇四年には、日本産科婦人科学会秋田県地方部会・日本産婦人科医会秋田県支部が「すこやかな心と体の性の成長をめざして　性教育指導マニュアル」[☆11]を発行しています。また、「あきた健やか親子21」として、二〇〇二年には県内十ヵ所の中学校で、二〇〇三年には中学校五ヵ所と小学校四ヵ所で性教育派遣講座が試験的に実施され、二〇〇四年からは原則中学三年生対象の中学校性教育派遣講座が開始されました。二〇〇〇年から二〇一八年までの十九年間で、医師による講座はのべ一〇八九校で実施されています（近年では、一年間で七十回弱の実施）。これら県内数校の講座を担当している志賀くに子氏は、[★16]「思春期」「性」「性感染症」「男女交際」「妊娠」「人工妊娠中絶」「性被害」「生命」などをキー

https://www.e-stat.go.jp/stat-search（参照：2020/4/13）

☆10　十三歳未満から十八歳の母体件数の総数。八〇一五件のうち、二五件は暴行脅迫である。また一万四一二八件のうち、三七件は暴行脅迫である。

☆11　このマニュアルは、二〇一四年に改訂されている。

★16　志賀くに子「秋田県内の中学生・高校生を対象とした性教育講座の実際」、『日本赤十字秋田看護大学・日本赤十字秋田短期大学紀要』、第二十号、七七－八〇頁、二〇一五年

ワードに実施しているとのことです。また、産婦人科医の池上俊哉氏によると、中学生への講義で「性交」[17]「sex」「避妊」などの学習指導要領では抵触するようなキーワードも学外講師ということで使用ができているとのことでした。講座終了後の感想（二〇一八年度）として、「よかった」との評価は、中学校教諭九七・一％、生徒八八・四％、高等学校教諭一〇〇％、生徒八三・八％の結果でした。二〇一〇年には、「女性の生涯健康手帳」が作成され、中学生に配布されています。

その結果として、二〇〇七年に初めて秋田県が全国平均値を下まわります。その後二〇〇九年のみ、全国平均を上まわりますが、その後は一貫して下まわっています。これは秋田県が一体となって学習指導要領に、「とらわれ過ぎず」、「タブー視せずに」取り組んだ結果であり、小さな命とともに母体（女児）も傷つかずにすんだのです。

◎東京都足立区の取り組み

二〇一八年四月五日の東京新聞[18]の記事によると、同年三月五日に、東京都足立区立中学校三年生の総合学習の時間内で人権教育の一環として、「自らの性行動を考える」をテーマに人工妊娠中絶の実態をデータで示し、「産み育てられる状況になるまでは性交は避けるのがベスト」と強調したうえで、避妊方法や中絶可能な期間などの実用的な知識を教えたとされています。この教育に対して、都議が東京都議会文教委員会内で校名・校長名・教員名をあげて、「発達段階を無視」「不適切な性教育」として問題視しました。

★17　池上俊哉「秋田県の性教育システム『官―教―医』が一体となって進める性教育講座」、「助産雑誌」、七十三（五）、三七〇―三七五頁、二〇一九年

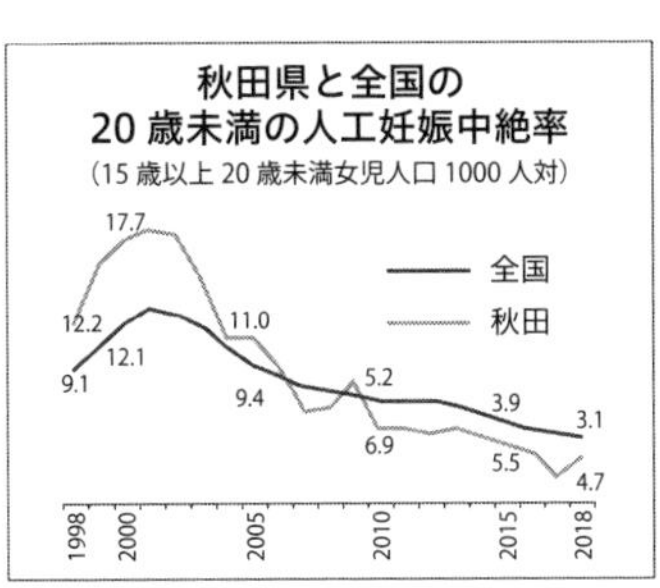

＊『衛生行政報告例』より筆者作成

★18　川田篤志・柏崎智子「足立区の中学の性教育　避妊や中絶…都議が『不適切』と批判したのは妥当か？」、「東京新聞」朝刊、二〇一八年四月五日

この報道を受けて、「〝人間と性〟教育研究協議会」[☆12]は、翌日四月六日に「教育への不当な介入に抗議し、包括的性教育の推進を強く求めます」と声明文を発表しました。四月十六日の朝日新聞[★19]では、この授業内容を一緒に構築した艮香織准教授[☆13]から聞き取った内容を公開しました。正確な情報や科学的知識に基づいたリスクの少ない性行動を自ら選択する力を養うことの重要性の意味、授業は、講義ではなく生徒と先生が一緒に話し合って、自ら考えてもらうことを重視していること、授業前は半数近くが「二人が合意をすれば、高校生になればセックスをしてもよい」と回答していた生徒が、授業後は十ポイント以上減少するなど、正しい性知識を伝えることで性行動に慎重になると明らかにしました。さらには、四月二六日に開催された東京都教育委員会定例会[★20]では、「保護者の了解」「個別性」について、指摘はありながらも「現場の先生方や学校には、是非萎縮せずに積極的に取り組んでいっていただきたい」と発言がみられました。同日に、紙面「中学校等における性教育への対応について（東京都教育庁）」[★21]でも学習指導要領を超える内容の指導を容認したことを示しました。四月二七日毎日新聞朝刊東京版の記事によると、足立区教育委員会は「事前に保護者に相談しており、やめる必要はない。都教委からも不適切でやめるべきだという指導を受けた認識はない」としている。九月十二日毎日新聞朝刊東京版の記事によると、東京都教育委員会は「同校の指導内容に変更を求める考えはない」と授業内容を容認しました。

二〇一九年三月には、東京都教育委員会は改訂版『性教育の手引き』を発表しました。

☆12　HPによると、『科学・人権・自立・共生』の四つのキーワードをもとに、子どもの切実な要求に応え、正確な情報を伝え、子どもとともに『性』のあり方や生き方を考えて、たくさんの性教育の実践を積み重ねてきたサークルとのこと。全国に多数のサークルが存在している。

★19　塩入彩・斉藤寛子・根岸拓朗「性教育どこまで」、「朝日新聞」朝刊東京版、二〇一八年四月十六日

☆13　艮香織（うしとらかおり）氏は、宇都宮大学准教授。保健学博士。

★20　東京都教育委員会「平成三十年　第八回　東京都教育委員会定例会議事録」、二〇一八年 https://www.kyoiku.metro.tokyo.lg.jp/administration/general/regular_meeting/2018/files/announcement20180424/3008_

「〝人間と性〟教育研究協議会」は、九点もの問題点を指摘しながらも「都立七生養護学校（前回改訂当時）の性教育実践を『不適切な性教育』と位置づけ、積極的な性教育を抑制しようとした統制的表現が削除された」「都内全公立中学校等を対象とした性教育実施状況調査において、校長の四二％が『学習指導要領に示されていない内容を指導することも必要だと思う』と回答していることを示し、現行の学習指導要領内に限定した学習内容が生徒の実情に適していないことを明らかにした」「産婦人科医によるモデル授業を行い、授業を受けた生徒の九〇％以上が、『効果的』で『今後役に立つ』と回答したこと」などと成果も認めました。

gijiroku.pdf（参照：2020/08/21）

★21　東京都教育庁「中学校等における性教育への対応について」、二〇一八年
https://www.kyoiku.metro.tokyo.lg.jp/press/press_release/2018/files/release20180426_03/taiou180426.pdf（参照：2020/08/21）

五．道徳観を備えた性を獲得するために

パソコンで「Yahoo! JAPAN」を使って「セックス」とキーワードを打って検索をかけてみると、セーフサーチは、「弱」の状態では、ありとあらゆるアダルトサイトや画像・動画が瞬く間に表示されます。年齢を問わずに無修正画像・動画も簡単に閲覧できてしまいます。

一方で総務省の調査によると、青少年（十～十七歳）の保護者の八四・八％は、「子供のネット利用状況を把握している（三九・六％）」「フィルタリングを使っている

（三七・四％）」などとして子どものインターネット活用について管理をしていると回答をしています。[☆14] セーフサーチを「強」にして再度検索をかけてみると、さきほどの無修正画像・動画などは削除されて表示されるようになります。このようにフィルタリング機能をすべての家庭で取り組むことができれば、子どもたちが不適切な画像・動画を閲覧する機会は減ると思われます。しかしながら、多くの子どもたちは刺激を求めて、さまざまな手段を駆使してアダルト画像・動画を入手するでしょう。

そして、私たちが日々関わっているのは、アタッチメントに課題を抱えていたり、知的障がいや発達障がいから誘発される認知の歪みやコミュニケーションの課題などが生じていたり、家族内不和・ＤＶ・児童虐待等の力関係を目の当たりにした影響による力関係への親和性や自他領域の曖昧さなどの環境下で生活を送ってきた子どもたちです。そのため、倫理観が身についていなかったり、自己抑制が苦手だったり、自己肯定感が低かったり、自身に無関心だったりすることがあります。

そのような子どもたちが性トラブルを回避するためには、ケアワーカーなどの施設職員が、日々の生活延長線上にあるケアに加えて、「能動的な性教育」を提供する必要があります。提供された情報を子どもたち自身が失敗と成功を体験しながら、自身にマッチした性を選択しつつ、道徳観を備えた性を獲得する必要があるのです。

☆14 インターネット利用率は九三・二％。子ども向けスマートフォン利用率は、八二・四％（中学生は八一・八％、高校生は九八・六％）。

第三章　児童養護施設等における性教育

　私たちの施設内で職員に対する性教育の研修をすると、必ずといっていいほど、「一般家庭だったらこんなに性について気をつけていないんじゃないか」「自分は性教育を受けた記憶がない。ここまで教える必要があるのか」という疑問があがります。一般家庭において性教育を行なうことが十分に浸透していないことは日本の問題でもありますが、それでも一般家庭と比べて、児童養護施設および児童自立支援施設、児童心理治療施設などにおいて特に性教育が必要な理由はきちんと知っておく必要があるでしょう。

　この章では、これらの施設が抱える性にまつわるさまざまな課題を理解し、性教育が必要な理由について考えていきたいと思います。

一．施設が抱える性にまつわる課題

児童養護施設などには原則二歳から十八歳まで（場合によっては二十歳未満まで）の子どもたちが入所しています。幼児期から児童期、思春期、青年期とさまざまな発達段階にある子どもたちがいるのですから、性にまつわる課題が生じるのは当然のことであるともいえます。加えて、後述するようないくつかの課題が上乗せされていくことで、課題は複雑化・重篤化していくと考えられます。

◎入所児童の課題

（一）アタッチメントに関する課題

アタッチメントは、乳幼児期から養育者との相互作用の繰り返しでつくられていくものので、対人関係の基盤となります。安定したアタッチメント関係を築くことができると、人との関わりに安心感・信頼感をもつことができ、自己肯定感も高まるといわれています。また、アタッチメント関係の形成は、脳（特に大脳辺縁系・前頭葉）の発達にも影響を与えるといわれており、感情コントロールや危険予測・判断力の発達にも影響を与えています。

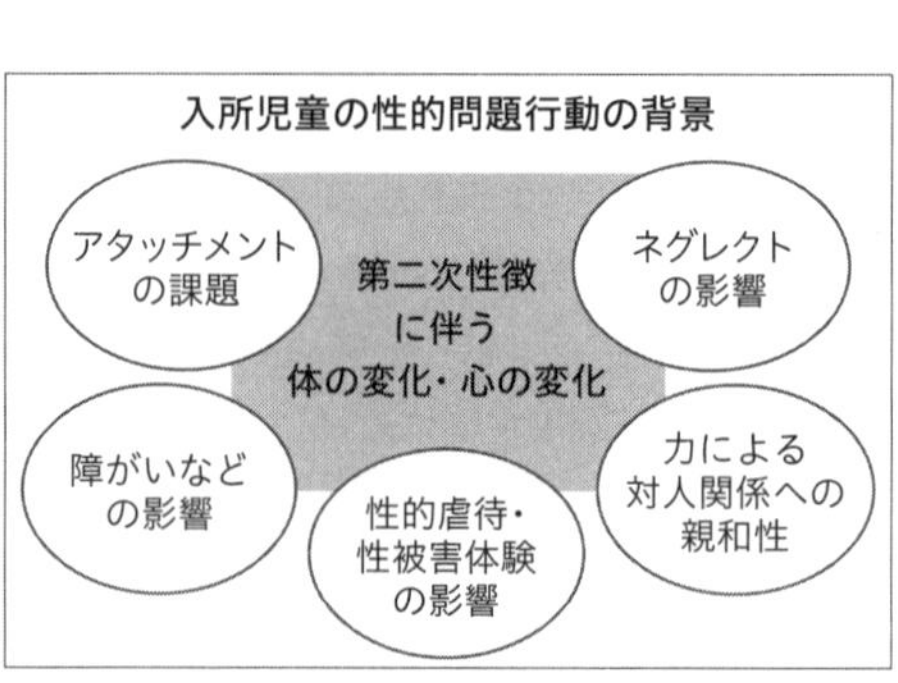

児童養護施設などには、乳幼児期に安定したアタッチメント関係を築くことができなかった子どもたちがいます。彼らの多くは適切な対人関係を構築することが難しく、ときに過度に対人距離が近くなってしまったり、相手に依存的になったりすることがあります。そのために、安易な性的接触をしてしまったり、不特定多数の人と性的関係に陥ったりするなどの性のトラブルに巻き込まれることも少なくありません。また、その場の感情に流されてしまったり、自己肯定感の低さから、危険だとわかっている場に身を投じてしまったりすることも少なくありません。結果として性被害を受けてしまうこともあります。

（二）ネグレクト環境での養育の影響

★1「児童虐待の防止等に関する法律」において、ネグレクトは、「児童の心身の正常な発達を妨げるような著しい減食又は長時間の放置、保護者以外の同居人による前二号又は次号に掲げる行為（身体的虐待、性的虐待、心理的虐待のこと）と同様の行為の放置その他の保護者としての監護を著しく怠ること」と定義されています。具体的には食事を与えない、衣服や住居が極端に不衛生である、乳幼児を一人で放置する、学校に登校させない、病気であっても病院に連れていかない、などがあります。養育者がこういったことを積極的に行なうケースもありますが、養育者自身の身体および精神疾患や、知的障がい、経済的困窮が背景にある場合もあります。

★1 厚生労働省、二〇〇〇年
https://www.mhlw.go.jp/bunya/kodomo/dv22/01.html（参照：2021/01/05）

ネグレクトの影響は多岐にわたりますが、性の発達という点に特化して考えると、次のような影響が考えられます。ひとつには、自分の身体を大事にする感覚や他者との境界が希薄になりやすいことです。不衛生な家庭環境にあったことや、体を清潔に保つこと、病気を予防することなどを教えられてこなかったことなどから、彼らの多くは自分の身体を大事に思う感覚が育っていません。また、個人のスペースが確保されづらい、かつ配慮がされていない生活環境だと、自分の物や領域が曖昧になり、他者からの侵入を不快に思わなくなることがあります。いずれも性的被害に遭うリスクを高めてしまうことにつながっていきます。また、養育者が必要な保護をしないことで不適切な性的刺激にさらされてしまうこともあります。家が狭く、かつ配慮がされていない環境であるために、大人の性交渉を目撃してしまったり、不用意に置かれたアダルト雑誌などを目にしてしまうことも考えられます。性についての正しい情報を養育者がコントロールすることができないために、間違った知識を身につけてしまうこともあります。

(三) 力による対人関係への親和性

生い立ちのなかで、理不尽で不当なあつかいや、虐待を受けてきた子どもたちのなかには、「対人関係＝力による支配である」と認識している子どもたちがいます。彼らは、他者との関係において常に「上か下か」を気にし、「上」になるにはどうしたらよいか、「下」にならないためにはどうしたらよいかを考えます。その手段のひとつとして、性暴力を用いることがあります。性暴力の動機は性的欲求であると決めつけられることが多くみられますが、実際には攻撃や支配、依存、優越感を味わいたい、尊敬されたい、などさまざまな欲求がその背景にはあるといわれています。この種の性暴力の場合、かつては被害者であった人がその後加害者に転ずることも多くみられ、連鎖しやすいという特徴もあります。

力による対人関係を背景とした性的問題行動は、個々の生い立ちの問題だけでなく、閉鎖的な集団に起こりやすく、後述する施設の構造が抱える問題とも関連してきます。こういった「性を介在した力の支配」のひとつが児童養護施設等において「長期にわたって世代を超えて伝承されてきた可能性がある」[★2]とも指摘されています。

(四)　性的虐待・性被害体験の影響

「児童養護施設入所児童等調査」[★3]によれば、児童養護施設入所児童二万七〇二六人のうち、性的虐待を受けた子どもは七九六人（四・五％）でした。しかし、性的虐待は身体的虐待やネグレクトと異なり、外から見てわかりづらいことや、疑いがあっても客観的な証拠をつかみにくいこと、また被害者が人に相談しにくいこともあり、この数字が実態を正しく表しているとはいえません。性的虐待の定義は幅広く、子どもへの直接の性的行為だけでなく、子どもに性器や性交を見せる、性的な映像の被写体にする、性的な映像を見せる、なども性的虐待に含まれます。また、ネグレクトやほかの虐待から逃れる

★2　杉山登志郎・海野千畝子「児童養護施設における施設内性的被害加害の現状と課題」、「子どもの虐待とネグレクト」、十一（二）、二〇〇九年、一七二―一八一頁

★3　厚生労働省、二〇二〇年
https://www.mhlw.go.jp/content/11923000/000595122.pdf（参照：2020/06/29）

ために家出や夜間徘徊をし、その結果として性的被害に遭ってしまうことも少なからずあり、調査で明らかにされた数字よりも多くの子どもたちが不適切な性的刺激にさらされているだろうと推察されます。

それらの影響のひとつとして、年齢にみあわない強い性的関心や性的言動がみられることがあります。それは、彼ら自身が受けてきた行為の意味を確かめるためでもあり、性的な行動が彼らにとっては他者と近づくための手段のひとつになっているためでもあり、そしてまた受けてきた被害を「こんなことはなんでもないこと」と矮小化するためでもあります。こういった行動によって、再度性的被害を受けやすくなってしまったり、自身が受けた被害を他者に向けるなどの加害行為につながったりすることが複数の文献で指摘されています。[★4]

（五）知的障がい、発達障がいなどの影響

知的障がい、発達障がいそのものが性の課題に繋がるわけではありません。知的障がい、発達障がい児にみられる知識の不足や認知の歪み、コミュニケーションの課題によって、性的問題行動が生じることがあります。たとえば、性器の勃起が気になり人前でも性器を触ってしまう、好きな異性をじーっと見つめたり後をつけたりする、相手が嫌がっていることがわからず性に関する話題を出してしまうなどがあります。本人にそのつもりがなくても、性加害・性被害につながってしまう可能性があります。

★4 杉山登志郎・海野千畝子、前掲書

相澤林太郎「子どもの性的問題と予防的支援―児童自立支援施設での取り組み―（特集 生と性 児童福祉における性教育と生命（いのち）の教育）」、『世界の児童と母性』、七一、二〇一一年、五三―六〇頁

石澤方英「子どもたちがおかれている性被害、性虐待の現状とその予防・対応とケア―児童福祉施設の現状と性教育研究会の活動を通して―」、『現代性教育研究ジャーナル』、二、二〇一一年、一―五頁

性の発達に伴う心身の大きな変化と揺れは、誰にでも起こりうるものです。しかし、前記にあるような、入所児童が抱える特有の課題が付加されることによって、顕在化する問題は複雑化・重篤化すると考えられます。

◎施設の構造が抱える課題

次に施設のハード面での課題を考えてみましょう。現在児童養護施設等の多くが家庭的養護・小規模化へと歩みを進めていますが、まだまだ大舎制・中舎制と呼ばれる施設も多くみられます。[★5]ある県内の十八の児童養護施設を対象にした調査では、大舎の九〇％、中舎の六六％、小舎の五〇％で性的問題が発生しているとし、一舎あたりの定員の多い大舎施設のほうが問題の発生率が高いと結論づけています。この調査は問題発生件数が二十件と少ないため、はっきりした傾向とはいいがたいものがありますが、大舎施設は死角が増えること、職員の目が届きにくくなることだけでなく、個人スペースの確保がしづらいことによって他者との境界が曖昧になりやすいといった物理的・心理的要因があるのではないかと考えられます。

また、[★6]厚生労働省の全国調査では、[☆1]性的問題が生じた場所について調査をしていますが、児童養護施設などにおいては、居室内が半数（平均四八・二％）を占め、ついで浴室（平均十三・四％）やトイレ（平均一〇・七％）があげられています。興味深いのは施設内

石澤方英「児童福祉施設における性教育の現状と課題　性的問題の視点を通して」、「そだちと臨床」、十、二〇一一年、一四七–一五〇頁
坪井裕子・三後美紀・米澤由実子・柴田一匡「児童福祉施設における性的問題の実態と対応についての調査」、「日工組社会安全研究財団一般研究助成調査報告書」、二〇一二年

★5　坪井裕子・三後美紀・米澤由実子・柴田一匡、前掲書

★6　厚生労働省『児童養護施設等において子ども間で発生する性的な問題等に関する調査研究報告書』二〇一九年　https://www.mhlw.go.jp/content/000504698.pdf（参照：2020/06/29）

☆1　複数回答可

の前記以外の場所「居室内・浴室・トイレ・施設内の庭や運動場以外の場所」が児童養護施設では十八・八％、児童自立支援施設では三九・一％、児童心理治療施設では十五・〇％生じていることです。施設であるがゆえに存在する空き部屋や廊下の死角などで性的問題が生じてしまうことがあるため、施設の構造上の見直しや確認が性的問題の発生を防ぐことにつながるのではないかと思われます。

また集団で生活をするということの課題もあります。厚生労働省の「国民生活基礎調査」[★7]によると、児童のいる世帯の平均児童数は一・七一人です。児童養護施設などにおいては小規模化といっても、施設のひとつの生活単位における子どもの人数は六〜八人であり、やはり集団での生活であることには変わりがありません。たとえば年長児の見ている性的なニュアンスの強いドラマやアニメを年少児が見てしまう、アダルト雑誌をまわし読みする、支配・被支配の関係性が生じやすい、などの問題が起きる可能性があります。また一緒に暮らしているために、異性であっても身体接触や肌の露出などに対する抵抗が小さくなりやすいという問題もあります。

★7 「平成三十年国民生活基礎調査」、二〇一九年 https://www.mhlw.go.jp/toukei/saikin/hw/k-tyosa/k-tyosa18/dl/02.pdf（参照：2020/06/29）

◎職員が抱える課題

最も大きな課題としてあげられるのは、「被措置児童等虐待」についてです。二〇〇九年の児童福祉法の改正によって、被措置児童等虐待防止のための枠組みが規定されました。「被措置児童等虐待」とは、施設職員が被措置児童に対して身体的虐待、性的虐待、ネグレクト、心理的虐待を行なうことです。被措置児童に対して直接そういった行為をすることのみならず、ほかの施設職員および被措置児童による身体的虐待や性的虐待、心理的虐待を放置することもネグレクトにあたるとされています。施設職員による性的虐待を防止することはもちろん、施設内で性的虐待が起きないようにする運営・支援体制の整備、またそういった事態が起きたときにすぐに気がつき対応する体制の整備が私たち職員に求められています。

被措置児童などへの虐待防止のため、そして子どもたちに適切な性教育を行なっていくうえで課題となるのは、職員の知識・技術の不足です。私たち職員も十分に性教育を受けてきていないために、知識に偏りがあることや、職員の入れ替わりの激しさから知識・技術が蓄積されていかないことなどが背景にあります。また、職員間の性に対する意識や対応の統一も大きな課題です。性の問題は判断の基準が個人的経験に由来しやすいところがあります。たとえば、高校生で性交渉は早いと考える人もいれば、あたりまえだと思う人もいるでしょう。児童養護施設などでは複数の職員が交代して子どもたちの養護を担っています。そのため、職員の意識や対応がバラバラであれば、当然子どもたちを混乱させてしまいます。

ほかにも職員が抱える課題としては、職員と子どもの性意識にギャップがあることや、職員自身が性に対する強い羞恥心や抵抗感、嫌悪感をもっていることなどがあげられます。いずれの課題も職員の個人的な領域にも関わっており、その解決はなかなか難しいところもありますが、子どもの性的問題を支援するためには取り組まなければならない課題でもあります。

こういったさまざまな課題が複合的に絡み合い、重大な性的問題へと発展していくことがあります。次にそういった性的問題の実態について考えていきたいと思います。

二．性的問題行動の実態

児童養護施設などにおける性的問題については、非常に根が深く、難しい問題といわざるをえません。児童養護施設などでの児童間の性加害・性被害は以前から存在していたとされていますが、その実態についてはこれまであまり明らかにされてきませんでした。児童虐待の件数の増加に伴い、子どもたちのケアの必要性が高まるなかで、福祉・教育・医療・心理などさまざまな専門家が施設に出入りするようになりました。そのこともあって、これまで施設職員が最前線で必死に対応してきた性的問題にも多数の目が入ることになり、徐々に実態調査が行なわれるようになりました。事実、児童養護施設などにおける性的問題行動を取りあげた文献の多くは二〇〇〇年代以降に発表されていますす。とにもかくにも、少しずつではありますが、その実態が明るみに出てくることとなりました。

臨床心理士の海野千畝子氏は、ある児童養護施設入所児童の治療を契機にその施設における性的虐待の連鎖に対するコンサルテーションを実施しました[★8]。そのなかで、施設内での性的被害の経験がある児童が三五人中二六人（七四・三％）、性的加害の経験がある児童は十六人（四五・七％）、加害経験も被害経験もない児童はわずか二人だけでした。その内容としては、「性器や胸を触る」「キスをする」「肛門に物を入れる」「性器をなめさせる」が中心であり、異性間のみならず同性間でも起きていることが明らかになりました。

精神科医の滝川一廣氏は全国の情緒障害児短期治療施設（当時）三七施設を対象にした質問紙調査を実施し[★9]、施設における性的問題行動の実情を把握することとその対応について研究を行ないました。「人にベタベタする、会話の際に相手の体に触る」という性的問題行動に該当する児童が全体の二六％を占め、ほかに一〇％以上の子どもが示す性的問題行動として「卑猥な言葉、性行為に関する声を出す」「他人の性器やプライベートゾーンを触る」「異性に過剰に興味を示す」「性描写を観て過度に反応する」「ボランティアや実習生などよく知らない大人に抱きつく」をあげています。「人にベタベタする、会話の際に相手の体に触る」という行為は、性的な誘惑行動と誤解されやすく、施設内で性被害を受ける引き金になりやすい行動でもあると指摘しています。また、この

★8　海野千畝子・杉山登志郎「性的虐待の治療に関する研究　その二：児童養護施設の施設内性的虐待への対応」、「小児の精神と神経」、四十七（四）、二〇〇七年、二七三－二七九頁

★9　滝川一廣・平田美音・玉井邦夫・坂口繁治ほか「情緒障害児短期治療施設における性的問題への対応に関する研究（第一報）」、「子どもの虹情報研修センター　平成二十一・二十二年度研究報告書」、二〇一二年

研究では施設内の性加害・性被害に関しても調査をしており、調査実施時から過去三年間に性加害をした児童がいたと回答した施設は二七施設、加害行動に至った児童は九九人であったことが明らかにされています。

臨床心理士の坪井裕子氏はある県内の児童養護施設十八施設に質問紙調査を実施しました。[★10]調査実施時から過去三年間における性的問題行動の発生件数について調査したところ、十七施設において、九四件（「性的接触」四九件、「性行為」十件、「性的非接触」九件、「性的刺激」一件、「その他」二五件）の性的問題行動が起きたことがわかりました。また、加害・被害人数を調べたところ、加害児は七六人、被害児が八三人、加害・被害両方の立場の児童が五五人であったと述べ、「被害者が加害者に転じる等、子どもが加害・被害どちらの立場にもなりうることも明らかとなり、施設における性的問題は連鎖しやすいことが示唆された」としています。

前記のように、これまでの調査は限られた数施設を対象に行なわれてきたもので、全国的な実態調査は行なわれてきませんでした。しかし、三重県の児童養護施設で起きた性[☆2]暴力とその裁判をきっかけに、厚生労働省は児童福祉施設における子ども間の暴力について初の実態調査を行ないました。[★11]その調査結果から、児童養護施設などで子ども同士の間で起きた性的問題が二〇一七年度に計七三二件あり、一三七一人の子どもが関わっていたことが明らかとなりました。この調査は初の全国調査であり、その結果は重大で

★10　坪井裕子・三後美紀・米澤由実子・柴田一匡、五三頁前掲書

☆2　三重県内の児童養護施設に入所していた女児（当時7歳）が、同じ施設に入所していた男児（当時十三歳）から性的被害を受けたとして、二〇一七年に女児の母親が三重県・児童養護施設・加害者とその実母を提訴した。その裁判

あると考えられますが、しかしながらこの調査が問題のすべてを明らかにしたとはいえません。報告書内においても「把握件数に関する留意点」として、「回答のあった件数は、各調査対象施設が『認知・把握した件数』であり、もともとの『発生件数』を示すものではなく、これらの数値をもって『発生数』と誤認されることが無いよう、取り扱いには留意されたい」との記載があります。また調査では、性的な問題の定義について具体的に十一の項目を定めていますが、そこに含まれない性的な問題も実際の現場では起きてきているものと思われます。

これらのことから、さまざまな施設で起きている実態をより正確に把握していくためにも、継続的かつ多角的な実態調査の実施が望まれます。そして、それらの実態調査をもとに、性的問題の予防・対応・ケアについてより深い議論と、そこで得られた臨床の知が蓄積されていくことが期待されます。

内で、「三重県内の児童福祉施設における性的問題を伴う事故報告」が明らかにされ、五年間で五一件の児童間の性的事故が発生していることが判明した。一審・控訴審ではどちらも加害男児の実母に対して賠償を命じたものの、県の責任は認めていない。

★11　厚生労働省、五四頁前掲

三．施設における性教育

さて、いよいよ本題、児童養護施設などにおける性教育について考えていきたいと思います。前記の課題や実態をみてみると、施設における性教育には三つの視点が必要になります。その三つとは、「育ちのなかでの性教育」「傷つきからの回復のための性教育」「性的問題を予防するための性教育」です。

子どもたちが育つ場である施設においては、「育ちのなかでの性教育」の視点は当然必要になるものです。体の洗い方や排泄について、第二次性徴に伴う心身の変化についてなど、子どもたちの成長に合わせた性教育は必須となります。「傷つきからの回復のための性教育」についてですが、入所している子の多くはたくさんの傷を抱えており、その回復も児童養護施設の大きな役割のひとつになっています。たとえば、ネグレクト環境下にいた子どもに対し、清潔にすることの心地よさを教えていくことで、自分の体を大切にすることができるようになる、性交渉を目撃した子どもに対しその行為の正しい意味や目撃したときの気持ちや性的興味などについて話す、など、性教育が子どもたちの受けた傷の回復支援につながることもあります。また妊娠などの性教育のテーマから、自身の生い立ちについて整理をしていくきっかけになることもあるでしょう。

「性的問題を予防するための性教育」はよりテーマを絞った性教育になります。先に述べた課題をみてもわかるように、入所児童は施設内外問わず、性加害・性被害に巻き込まれるリスクが高いといえます。したがって、身を守るためのスキルの習得や加害行為に至らないように自身の行動をコントロールする方法などのテーマに力を入れるのも、施設の性教育においては重要になります。

以上の三つの視点を常にもちながら、子どもの背景や発達段階に合わせて、個別にきめ細やかな性教育を実施していくことが理想的です。詳しい内容については、次章以降に述べていきたいと思います。

子どもたちへの性教育が必要なのは理解できたとしても、多忙な業務や先述したような職員側の要因によって、性教育がどんどん後まわしにされていくことはよくあることです。それを防ぐためにはいったいどうすればよいのでしょうか。

『児童養護の新たな展開──明日をひらく擁護実践をめざして──』[★12]のなかで著者の浅井春夫氏は、当時の養護施設における性教育について論じるなかで、次のように述べています。

たとえ一人から出発した性教育も、施設ぐるみで取り組むためには、「性教育委員会」の設置が必要です。研究・実践・総括・方針を知恵を寄せ集めておこなうことが、子どもに性を正面から語れる職員を育てていくことになるのです。

もうひとつ大事なことは、性について語り合えるような自由な施設生活の雰囲気を創っていくことが性教育をすすめる土台であり、前提だということです。

また、『子どもたちと育みあうセクシュアリティ──児童養護施設での性と生の支援実践──』[★13]のなかでも性教育を施設に根づかせ、性について語ることができる職場にするためにも性教育委員会をつくることをポイントとして述べています。私たちも性教育委員

★12　浅井春夫、一九八七年、あいわ出版、二〇七頁

★13　太田敬志・木全和巳・中井良次・鎧塚理恵〝人間と性〟教育研究協議会児童養護施設サークル編著、二〇〇五年、クリエイツかもがわ

会を設置し、施設内での職員研修や子どもたちへの学習会をしていくことで、性教育が後まわしにされていくことを防ぐことは可能であると考えます。

しかしながら、先述した厚生労働省の実態調査[★14]を見てみると、子ども間で生じる性的な問題に関する予防などの取り組みとして「性的な問題等への対応や予防を目的とする専門チームや組織活動の実施」を行なっている施設は、児童養護施設五一・九％、児童心理治療施設五九・五％、児童自立支援施設二四・〇％であり、すべての施設に性教育委員会やそれに類似した組織的なチームがあるわけではありません。性教育委員会が立ち上がらない理由には、多種多様な業務や労働時間の長さなどにより職員が性教育に取り組む余裕がない、性教育を正面から取り扱うことへの抵抗感がある、施設理念の根底にある宗教の考え方が影響している、などが考えられます。また、他施設の性教育委員会などの活動を知る機会が少ないことも理由のひとつかもしれません。実際に児童養護施設などにおける性教育について調べてみると、児童相談所や助産師など、外部講師[★15]による性教育プログラムを実施した文献は散見されるものの、児童養護施設などでの性教育委員会の活動について取りあげた文献[★16]は限られています。施設のホームページや事業計画などのなかで性教育の取り組みや性教育委員会の存在について触れている施設は多くみられますが、その詳細な取り組み内容などについてはなかなか公表されることがありません。実践については、今後さらなる知見が積み重ねられることが期待されています。

★14　厚生労働省、五四頁前掲

★15　岩清水伴美・守屋佳子・市川のぞみ・山本愛「児童養護施設における性教育の取り組み」、「子どもの虐待とネグレクト」八、二〇〇六年、一五三―一五八頁
　福知栄子・鈴木かおり・梅野潤子ほか「児童養護施設で暮らす子どもの性の健康ニーズを満たすための支援―児童養護施設ワーカーと助産師の協働事例

四．施設で暮らす子どもたちの「性」と「生」

世界の性教育について取りあげたなかで、「性」と「生」は深く結びついていることを簡単に記しました。「私はどうやって生まれてきたのか」「私は何者であるのか（どこで生まれ、誰から生まれてきたのか）」「私は誰を愛し、誰に愛されるのか」「家族とは何なのか」……たとえばこういった問いは、「性」に対する疑問であると同時に「生」に対する疑問でもあります。これらの疑問に答えをみつけていくことが、その人のアイデンティティを構成し、人生を方向づけていくと思われます。

児童養護施設などで暮らす子どもたちにとっては、この問いに対する答えを見出すことがとても難しいことがあります。両親が誰かわからない子もいますし、家庭で生活した体験がまったくない子もいます。また暴力や性被害などの不適切な関わりを受け続けたために自分を大切にするということがわからない子もいます。安定したアタッチメント関係をつくれなかったために、恋人との間で安定した関係を築くことができない子もいます。性教育はそんな彼らと向き合っていくためのひとつのアプローチになるのではないでしょうか。妊娠・出産の話を通して彼らの生い立ちを振り返ったり、プライベートゾーンの話からこれまでに受けた不適切な関わりについて話をしたり、異性とのつき合い方の話から他者を大切にあつかうことについて考えたりと、さまざまな展開が考え

から―」、「中国学園紀要」八、二〇〇九年、六一―六九頁

河野美江「児童福祉施設等における性の問題と性教育の実践」、「島根大学社会福祉論集」三、二〇一〇年、四五―五三頁

榊原文・藤原映久「児童相談所と児童養護施設との連携に基づく性（生）教育プログラムの取り組み」、「子どもの虐待とネグレクト」十二（二）、二〇一〇年、二八八―二九四頁

榊原文・藤原映久「児童養護施設入所児童に対する性（生）教育プログラムの効果測定」、「子どもの虐待とネグレクト」十三（三）、二〇一一年、三九六―四〇八頁

★16　坂本鉄平「児童養護施設での性教育実践―性教育委員会の活動を通して―」、「児童研究」九二、二〇一三年、五六―六二頁

山口修平「児童養護施設の性教育の実際―職員組織作りと児童に伝わる実践（特集　生と性　児童福祉における性教育と生命（い

られるでしょう。

児童養護施設などで暮らす子どもたちは「生」まれること・「生」きることに対して、わからなさや怒りや悲しみを抱えているといえます。だからこそ、彼らの「性」に向き合い、彼らのこれまでの「生」とこれからの「生」に向き合っていくために、性教育が必要であると私たちは考えています。

のち）の教育）」、「世界の児童と母性」七一、二〇一一年、四六－五二頁

山口修平「児童養護施設における性的虐待を受けた子どものケア～性（生）教育と生活支援の両輪で～」、「セクシュアリティ」八十、二〇一七年、一〇六－一一五頁

小尾康友・杉浦倫子・山内美樹ら「児童養護施設における性教育の実践」、「現代教育学研究紀要」十三、二〇一九年、六一－七〇頁

コラム 1

数年前に退所したＲ君から、「聞きたいことがあるんだけど、やばいかもしれない、妊娠ってどうやったらなるの？」と突然連絡が入りました。退所後一年と数ヵ月が経過してても連絡をくれることが有難いと感じると同時に、突然の内容で私も驚きました。

このＲ君は、物事の因果関係や連続性の理解に時間を要するタイプで、まわりの状況を感じ取るのが苦手でした。（人を困らせたり、アピールする意図ではなく）入所中にも突然「やりたい（セックス）」と言ったり、クラスメイトの女の子と距離が近くなり、胸が当たったことなども逐一報告をくれる子どもでした。

ある日、交際していない女の子と二人で遊びに行くときに「セックスしてくるわ」と真顔で宣言しました。一般的には何も言わずに出かけることが多いですよね……。私は、「何を突然言っているんだ」と少し呆れつつもいい機会でもあったために、短時間での性教育を実施しました。まず職員より〈性行為をして妊娠してしまったらどうするの〉と問うと、「コンドームをつけるから大丈夫」との回答。性に関して興味を持っていたＲ君は友だちに聞いたりして、わずかに避妊方法やアフターピルのことも知っていました。Ｒ君にかぎらず、友だちに聞いたり雑誌などで知識を得る子どもは多いですが、間違った情報を認識してしまい、相手の女児を妊娠させてしまったり、性犯罪に至るケースもあります。特にＲ君はその「短絡的」という性格的特徴から「コンドームをつければ大丈夫!!」と思っていました。職員よりコンドームから精液が漏れたり、破けたりして妊娠させてしまうケースはあること、どんな避妊道具を使っても妊娠してしまう可能性はあるので、社会的に責任がとれる年齢になり、本当に好きな相手と性行為をしてほしいと伝えました。ただ、思春期真っ盛りのR君が性行為をしたいと思うことは間違ったことではなく、年齢相応です。そのため、私自身も学生時代は同様に思っていたこと、性行為自体は悪いことではないことも伝えました。先述した性格と同時に、真面目で人一倍不安が強い特徴もあるので、「わかった。気をつける」と返答がありました。そして、遊びには行きましたが、健全にスポーツをして帰ってきました。

その後、R君は施設を退所しました。現在交際している彼女もいるとのことでしたが、私の話を覚えており、性行為はしていないと報告がありました。ただ、不安がいっぱいなR君は、「抱き合っただけで妊娠をさせてしまうのではないか」と誤認識しており、コラムの初めに書いた連絡が来たのです。抱き合っただけでは妊娠はしないこと、だからといって安易な性行為は控える必要があることを再度説明をすることになりました。まだまだ性教育のアフターケアの必要があるようです。

コラム2

担当している子どもＴ子が「パパ活」をしたと警察から電話があった。Ｔ子が、以前に「お金がない」と言っていたことを思い出した。退所後の生活のために使用できる金額を決め、半ば貯金を押しつけていたことにひどく罪悪感を覚えた。

警察署に迎えに行くといつもとさほど変わらない様子で、困ったように眉を下げ、口角をあげて作り笑顔をする。泣いている職員の姿を見て気まずそうにしていた。

警察の人からは、「絶対に怒らないでほしい」「パパ活をしている女子高生は多く、彼女だけが悪いわけではない」と言われた。お金ほしさにＳＮＳで、相手を募る女子高生が多いとのこと。しかし、Ｔ子は他の女子高生よりも料金をあきらかに低く設定していたことを知り、やるせない気持ちになった。

帰り道、なぜパパ活をしたのか聞くと「お金がほしかったから」と淡々と説明してくれた。料金を相場よりも低く設定していた理由を尋ねると「自分にはそんな価値がないと思ったから」と目をそらしながら答えた。自分に価値がないと感じながらいままで生きていたのだと話す。Ｔ子は、それまで家族の話や内面の想いなどを多く語らない子で、本心を打ち明けない子だった。他者との関係で、深く関わりたいと思いつつも、いつも心に一線を引いているように感じていた。

私が、泣きながら「自分自身を大事にしてほしい」と伝えると、Ｔ子も泣きながら「それは無理だ」と話した。Ｔ子は入所して六年が経っていたが職員の前で泣くのは初めてだった。いままで、どのように感じながら生きていたのか話してくれた。家族がバラバラになったのは自分のせい、両親の死も自分のせいと感じていたと話した。一緒に入所しているＴ子の妹が無邪気に笑いながらＴ子を好きだと言ってくれても、「妹から家族を奪った自分が許せず、心から応じることができない」と、常に後ろめたさを感じながら生きていたという。いつも心のどこかで「自分なんて死んでもいい」と感じていたという。「自分を大切にする」ことは、一筋縄ではいかないことなのだと実感した。

本来は両親など身近な養育者から、自分の存在を無償に受け入れられる経験（絶対的信頼感）を経て、自分の存在を肯定していく。しかしながら児童養護施設に入所している子どもは虐待等の不適切な関わりにおいて、存在を否定されるように感じ、自己肯定感が乏しくなる。だから「生教育」が必要なのだ。

でもＴ子の場合は両親に愛され大切にしてくれていたことを知っていた。知っているはずなのに、いまは亡き両親の存在を自分が壊してしまったと思っている。だから、自分を大切にできなくなってしまった。

Ｔ子が退所するときに話してくれたことが印象に残っている。「パパ活は人に褒められる行動ではなかった。でも、こんなに泣いてくれる人がいるとは思わなかった」と語ってくれた。この経験をきっかけに、自分の存在を「少し」受け入れられるようになったと話してくれたとき、私はまた涙が出るくらい嬉しかった。

実践編

第四章 性教育委員会の発足と発展

一．東京家庭学校の紹介

性教育委員会の実践についてお話ししていく前に、まずは児童養護施設東京家庭学校の紹介をしておきたいと思います。東京家庭学校は、一八九九年に留岡幸助によって創設されました。当初は代用感化院という位置づけでしたが、時代の推移につれて少年保護施設、養護施設、児童養護施設となって今日に至ります。

子どもたちは本園施設とグループホームに分かれて生活をしています（図参照）。東京家庭学校では、本園施設内の子どもたちが生活している場所を「寮舎」[☆1]と呼んでいます。本園施設には四つの寮舎があり、それぞれ六名の子どもたちが生活をしています。そのうちのひとつは二歳から六歳までの子どもたちが生活をする幼児寮で、残りの三つは小学一年生から十八歳（場合によっては二十歳未満まで）の子どもたちが生活をしている

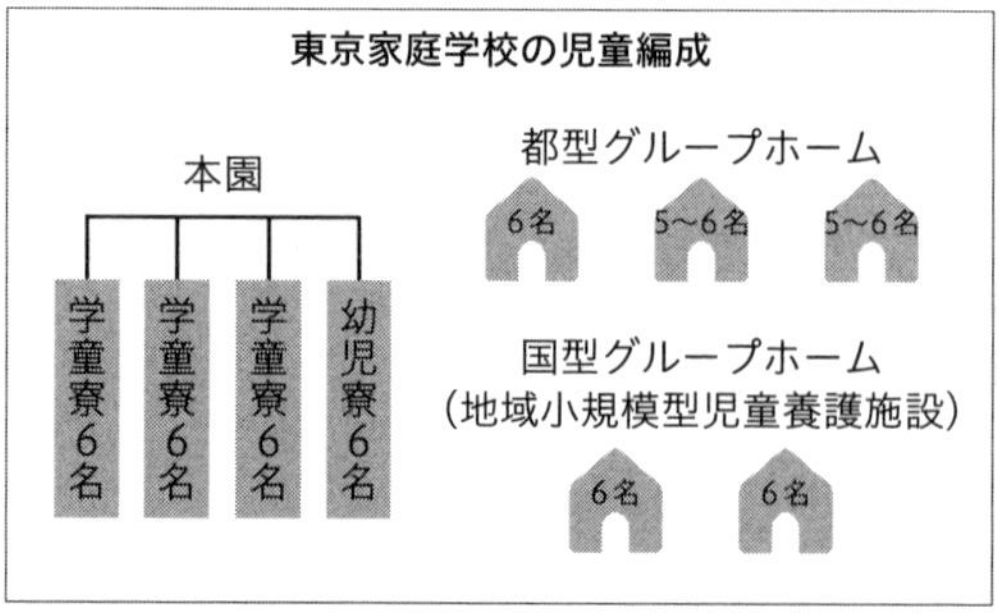

☆1 子どもたちが生活する場の呼称については「ユニット」「寮」「グループ」など、施設によって異なる。本書では東京家庭学校の呼称である「寮舎・グループホーム」を使用することとする。

学童寮となっています。

グループホームは、本園施設とは別に、地域の一軒家などを借りて生活をしています。東京家庭学校は五つのグループホームを有しており、そのうち三つは通称都型グループホーム、二つは通称国型グループホーム（地域小規模型児童養護施設）となっています。それぞれのグループホームは小学一年生から十八歳（場合によっては二十歳まで）の子どもたち六名が生活をしています。都型グループホームのうちふたつは高校生のみ五～六名のグループホームになっています。

それぞれの寮舎・グループホームには三～四名の担当職員（以下、担当ＣＷ〔ケアワーカー〕）がおり、交代制で勤務をしています。担当ＣＷ以外にも主任やフリー職員が勤務のローテーションに入っています。各寮舎・グループホームに職員一人が必ず勤務する体制をとっています。職員は担当ＣＷ以外に主任層の職員や家庭支援専門相談員、心理職、栄養士、自立支援コーディネーター[☆2]、児童精神科医（非常勤）などがいて、複合的な視点で子どもたちのケアをしています。

東京家庭学校はふたつの特徴的な取り組みをしています。ひとつ目は寮舎での完全自炊（食材購入・調理）です。東京家庭学校では、グループホームは開設当初より各ホームでの完全自炊を行なってきました。一方、本園の寮舎では調理室で一斉調理を行なう給食制度でした。より家庭的な養護を目指すこと、「食」を通じて子どもとの信頼関係を構築すること、子どもたちの自立を促進することなどを目的に、二〇〇九年度から段階

☆2　東京都では、二〇一二年度より自立支援強化事業を開始し、施設入所中の自立に向けた準備から施設退所後のアフターケアまで総合的な自立支援を担う自立支援コーディネーターを配置している。

的に進めてきました。現在では、平日は栄養士の立てた献立を基本にして、各寮舎で食材購入と調理を行ない、土日祝日については各寮舎で献立を立て、食材購入・調理をしています。

ふたつ目の特徴的な取り組みは、児童自立支援施設との提携型グループホームです。東京家庭学校では、全国で初めての取り組みとして、二〇〇六年二月から提携型グループホームを運営しています。この取り組みは、児童自立支援施設の高校生を対象に、生活力の向上と社会性の付与、非行の再発防止により、高校生活を継続させ、子どもの自立を実現させることを目的としてはじまりました。児童自立支援施設から近い場所にホームをかまえ、児童自立支援施設と密に連携をしながら、子どもたちの支援にあたっています。二〇〇九年度には女子の提携型グループホームを立ちあげ、現在は男女ふたつの提携型グループホームを運営しています。

前記ふたつの特徴的な取り組みと同じころにはじまったのが、性教育委員会の活動です。

二．発足の経緯

東京家庭学校性教育委員会（以下、性教育委員会）の発足のきっかけになったのは、施設内で起きた子ども間の性加害・性被害でした。この一件は、複数の子どもが関係していたこと、生活空間の〝ほんのちょっとした〟死角で何度も起きていたこと、また被害を受けたその時点ではなく被害を受けてから一年後に施設職員に開示されたことなど、多くの問題を含んでいました。特に大きな問題だったのは、被害を受けた子どもがこの事件の数年前にも別の子どもから性被害を受けていたということでした。

最初の性被害が発覚した後、施設として最低限必要な対応はしていましたが、なぜこの性加害・被害が起きたのか、どうすれば防ぐことができたのかといった検証はされていませんでした。また、被害を受けた子どもに対しての性教育の必要性は喚起されながらも、寮舎・グループホームの担当ＣＷに委ねられており、結果として性教育は実施されていませんでした。この施設としての取り組みの不十分さは、二度にわたる性被害、そして二度目の性被害を受けた時点で施設内の職員に助けを求めることができなかったという結果につながったものと考えられます。

東京家庭学校では、前記の性加害・性被害が明らかになった後、まず二名の職員が性教育委員会の立ちあげを考えはじめました。そして、その思いに賛同してくれそうな職員に声をかけ、二〇〇七年十二月に四名の職員で第一回会合を行ないました。その後、第三回会合で二名が新たに加わり、計六名が初期の性教育委員会メンバー（以下、メンバー）として活動を開始しました（当時の経験年数の内訳としては、三年目二人うち一人は心理職、五年目一人、六年目三人）。二〇〇七年十二月に行なわれた第一回会合から、二〇〇八年五月に性教育委員会として正式に活動を開始するまでの約五ヵ月間は非公式なかたちで各々の勤務時間外で集まり、活動内容等について話し合いをしました。勤務時間外の集まりということで個々のメンバーの負担は大きかったように思いますが、それを支えていたのは「もう二度と性被害を受けてほしくない」、「加害児童を生み出したくない」、「施設のなかでこのような繰り返しが起こらないようにしたい」という思いがそれぞれのなかにあったからでした。

三．発足前の下準備（二〇〇七年十二月～二〇〇八年四月）

性教育委員会の活動として最初に考えられたのは子どもたちへの性教育に関する学習会の実施でした。学習会の実施のためには施設全体の理解と協力が必要になります。また、学習会を実施することで子どもたちから性に関する疑問や興味が出てくる可能性があること、ときには性的問題行動が起きる可能性もあること、それらに日常的に対応するのは個々の担当ＣＷであることを考えると、まずは職員に対する取り組みを実施していくべきだということになりました。そこで初年度の活動の前半に職員研修を実施し、後半に子どもたちへの学習会を実施していくこととなりました。

◎職員への取り組み

職員への取り組みを検討するために、まずは職員のなかにある課題点について話し合われました。そのなかでは、今回の性加害・性被害の事の重大さについて意識の差があること、職員同士の性に対する価値観の違いを確認してこなかったこと、一人の職員が複数の子どもを見ることの限界や危険についての意識が低いこと、性的事故が起きたときの対応法などが周知されていないこと、などの課題があることがあげられました。そこで、職員への取り組みについては、①職員の意識改革、②リスクマネジメント力（気づく力）の向上、を重点項目として内容を検討していくことにしました。まずは施設内で起きた性加害・性被害について、充分な検証をするためにケース検討会からはじめることになりました。それは何が起きたのかを知ることによって職員の意識改革やリスクマネジメント力を高めるためでもありますが、同時に職員としての責任をはたすためでもあり、また、子どもたちへの誠意を表すためでもあります。

◎子どもたちへの取り組み

子どもたちへの取り組みとして性教育に関する学習会を実施していくこととしました。本来の性教育は個々の子どもたちの発達段階や興味・知識に合わせて、日常的・個別的に行っていくことが望ましいとされています。そのため学習会では子どもたちに必要な基本的な性教育を伝えることを主とし、一人ひとりのニーズに対しては個別に応じていくことにしました。

学習会の対象・頻度・内容については検討を重ね、次のように決定しました。また、学習会開始前に、学校教育における性教育について知り、整合性を図るために、近隣の小学校の養護教諭に話を聞きに行くことにしました。

子どもたちへの学習会の実施要項

対象と分け方

・小学生を対象とし、低学年（一～三年）・高学年（四～六年）の二グループに分けて実施をする。グループは男女混合。

・知的障がい、発達障がい傾向など、フォローが必要な子どもに対しては必ず職員がつき添う。

頻度

・全体会　一回

・低学年のみ　一回／高学年のみ　二回

内容

・性と生（生まれた奇跡）

配慮すべき点

・職員への周知を徹底する。学習会の前の職員会議で必ず内容についてのインフォメーションを行ない、生活のなかでフォローしてほしいこと・リスクについて伝える。

四．初年度の活動

こうしてはじまった性教育委員会は、二〇〇八年五月の職員会議において、その発足と活動方針・内容を公示しました。立ちあげにあたり、「性加害・被害を出さない。繰り返さない」ことを主旨として活動をしていくこと、そして最終的には「子どもたち一人ひとりが自分を大切に思え、他者も大切にできるようになること」を目標としました。

◎職員研修

二〇〇八年度は計四回の職員研修を実施しました。内容は表のとおりです。

第一回〜三回は、性教育委員会発足のきっかけとなった性加害・性被害について、検討をしました。起きた出来事そのものについて知ってもらい、東京家庭学校内で起きたという事実を受け止め、それぞれに危機感をもってもらうことをねらいとしました。第一回・第二回では、五名ほどのグループをつくり、資料（概要と当時の生活空間の間取り図）を配布し、説明をしました。その後、①寮舎のルール、②物理的・空間的な問題、③時間的な問題、④子ども同士の関係・子どもと職員の関係、⑤子どもからのサイン、⑥職員に求められるもの、の六点について、現状を共有し、リスクマネジメントの観点

2008 年度における職員への取り組み

	テーマ・内容
第１・２回	ケース検討： リスクマネジメント（どうすれば性加害・性被害を防げるのか）について、グループワークを実施
第３回	ケース検討： 性加害・性被害のケースについての再検討
第４回	他児童養護施設における性教育の実践について講義

からどのようなことに気をつければよいのかということについて、グループディスカッションをしました。たとえば、②物理的・空間的な問題についてのグループディスカッションでは、「風呂場」や「トイレ」といった死角になる場所を確認するだけでなく、「職員のいる場所によって死角は変わってくる」「子どもがどこにいるかを把握しておくことで死角を生まない」といった工夫も聞かれました。また、④子ども同士の関係・子どもと職員の関係についてのグループディスカッションでは、「生い立ちが似ていると距離が近くなる」ことや、「物を通じた関係を取りやすい」ことがあることを共有したり「日ごろから子どもが話そうと思える関係を職員とつくることが、性的問題の予防に役に立つのではないか」といった意見が出たりしました。この二回の話し合いで出た意見をまとめたものを後日、資料として配布しました（巻末資料1参照）。これは当時の会議で出た意見をまとめたもので、これが正解というわけではありませんので、あくまで参考としてご覧ください。

当初はこの二回でケース検討は終了する予定でした。しかし、二回のケース検討は、リスクマネジメントという観点から行なったことで、実際の性加害・性被害そのものから離れてしまったことが反省点として挙げられました。職員の意識改革を考えるうえでは、性加害・性被害を「他人事」にせず、それぞれの職員が危機感を持つことが重要であるため、急遽第三回目の研修を実施しました。

第三回では、あらためて実際に起きた性加害・性被害の事実を共有することにしました。それに先立ち、性教育委員会では数年間にわたり被害を受けていた子どものその間の記録[☆3]を洗い直しました。当時は手書きでの記録からようやくパソコン入力に切り替えはじめたころであり、記録をチェックする・共有するといったルールもなく、子どもの様子については担当ＣＷから口頭での報告や相談がなければ、なかなか共有されない状態でした。そこで実際にどんなことが起きていたのかを知るために、記録の要約を資料として提示しました。研修のはじめに、長期間断続的に被害に遭ってきたこと、それを見過ごしてきたという事実があることを伝えました。そして、自分だったらどうするか、ということを考えながら読んでほしいと教示しました。そして資料の読み合わせの後、①率直に感じたこと、②なぜこれだけ長期化したのか、今後はどうしていくべきか、についてグループディスカッションをしました。そのなかでは、まずは事態の深刻さにショックを感じた職員が非常に多く見られました。記録を読み返すと、子どもからの多数のサインが隠れており、そのことに気づくことができなかった・介入をすることができなかった職員側の責任について言及する発言が多く聞かれました。それは単に担当ＣＷへの批判ではなく、担当ＣＷを支えきれなかった施設全体の責任であること、担当ＣＷが抱え込みやすい組織体制にあることにも話はおよびました。ディスカッションのまとめとして、個々の職員が資質（技術、知識、社会性など）の向上に努めるとともに、組織の力の向上（スーパーヴァイズ機能の強化、研修の提供、各種会議の見直しなど）が必要であることが確認されました。

☆3　子どもたちの日々の様子やケアワーク、ソーシャルワークなどを記したもの。施設によって呼称は異なり、「保育日誌」「育成記録」「養護記録」などと呼ばれている。

第一回・第二回のケース検討で十分な議論ができたようにも思えましたが、第三回を行なったことで、実際の性加害・性被害の深刻さに直面し、施設全体として性教育への意識を高めることができたと思われます。その二〇〇八年度の第一回・第二回の研修をベースとして、二〇〇九年度に「性的事故予防のためのチェックリスト」（以下、チェックリスト）を作成し、配布をしました。チェックリストについてはその後、二〇一五年度、二〇一九年度に職員研修を通じて改訂をしています（第六章、巻末資料参照）。チェックリスト内にある「ルール」については、そういった「ルール」を絶対につくらないといけないということではなく、「ルール」としてつくることのメリット・デメリットや、そのルールをつくる意味を職員間で話し合っていくことが大切だと考えています。

◎子どもたちへの学習会

（一）プログラム作成に至るまで

子どもたちにとって最も身近な性教育は、学校教育のなかで行なわれている性教育です。そこで、学習会を開始する前に、小学校での性教育との整合性を図るために、近隣小学校の養護教諭に話をうかがいに行きました。

施設内において性教育のプログラムを実施していく予定であることを事前に伝えたところ、養護教諭より学年別の指導計画案を見せていただき、どのような授業でどの程度性教育について取りあつかっているかについて教えていただきました。当時の子どもたちの傾向として、一般家庭においても入浴や就寝などで個別化が進んでいるために性教育について学ぶ機会が減っていること、性的成熟は年々早まっているものの、一方で心理的には発達がゆっくりであること、情報過多の社会であるため、興味・関心はなくとも知識のみが入ってしまっていることなどを教えていただきました。また、小学校の学習指導要領（二〇〇八年当時）では性交についてはあつかっていないとのことでした。

次に、性教育委員会のメンバー自身が知識を身につけていなければ、子どもたちや職員に説明ができないということで、二〇〇八年九月に性教育委員会内で学習会をしました。「性器の名称と働き」「妊娠・出産」「二次性徴（体の変化）・男性」「二次性徴（体の変化）・女性」「二次性徴（心の変化）」「性的虐待」の六つのテーマを各メンバーが調べてまとめるという課題を実施し、読み合わせを行ないました。

子どもたちへの性教育に関する学習会は、東京家庭学校にとって初めての試みであったため、職員会議において学習会のロールプレイを行ない、職員全体に学習会の内容を周知し、性被害を受けたことがある子や学習会がきっかけとなり性的な遊びや関係になるおそれがある子に対しては担当ＣＷに個別のフォローをお願いしました。さらに、子どもたちの行動（風呂をのぞく、被害の開示、互いの体を見せ合うなど）、および死角に対し、学習会後一週間は特に注意をするように注意喚起をしました。

(二) 学習会

子どもたちへの学習会は事前に決めていたとおり、低学年グループと高学年グループに分けて実施をしました。グループの呼称について、親しみやすい名前であること、ふたつのグループのつながりを意識できることという理由から、シマリスのコンビ名の「チップ&デール」と命名しました。学習会の目的は、子どもたちが一人ひとり、自分と他者を大切にできるようになること、としています。学習会の詳細については、表のとおりです。

初回は小学生全員を集め、学習会の目的について説明をしました。「自分を大切に、他者も大切にできるようになること」を目標にしていくことや性教育委員会のメンバー紹介などをしました。またその際に、この会のことは担当CWも知っているので、わからないことがあればメンバーでも担当CWでもいいので聞くようにと伝えました。その後、低学年学習会（チップ）と高学年学習会（デール）に分かれて実施をしました。

第一回目の「性被害を防ぐために～身の守り方～」では、最初にプライベートパーツ（胸・性器・おしり・口）の図を見せながら説明をしました。その後「いいタッチ・わるいタッチ」とは何かを説明し、いいタッチ・わるいタッチの場面を描いた絵をどちらかに分類するという作業を子どもたちにしてもらいました。さらにわるいタッチをされたときに身を守る方法として、「大きな声で叫ぶ」「嫌だと言う」「大人に相談する」といった具体的な方法を教示しました。所要時間は三〇分～四五分程度でしたが、性教育委員

2008年度におけるチップ＆デールの活動

	低学年学習会（チップ）	高学年学習会（デール）
第1回	性教育委員会の紹介・説明 性被害を防ぐために～身の守り方～	
第2回	生命の誕生 ～生まれたことの奇跡～	／
第3回	／	生命の誕生 ～受精・着床～
第4回	／	生命の誕生 ～胎児の成長・誕生～

会のメンバーも子どもたちも初めての取り組みであったため、騒がしくなってしまったり、時間配分がうまくいかなかったりといった反省点も多く見られました。

第二回はチップのみで実施をしました。子どもたち一人ひとり、産まれてきたことそのものがすごいことなんだと伝えたいという思いから、内容は「生命の誕生〜生まれたことの奇跡〜」としました。低学年グループということもあり、細かい説明は省略し、寸劇を交えたり、視覚的な教材を使ったりなどの工夫をしました。

まずは卵子・精子を表す教材を使用し、メンバーが動かしながら、受精を表現しました。膨大な数のなかからたったひとつの精子が卵子と受精をするというその奇跡的な数を体感できるよう、シュレッダーにかけた細かい紙片を用意し、部屋中に広げるという試みもしました。その後、胎児の実寸大の絵を使用しながら、胎児の成長を伝えました。出生時の体重を表すために、ペットボトルに水を入れ、約三〇〇〇グラムの重さをつくり、それを皆で抱きかかえ、重さを体感してもらいました。

この内容を子どもたちに伝えるにあたり、子どもたちから「どこから生まれるのか」「精子はどうやって女の人のなかに入るのか」といった質問が出てきた場合にどう対応するかということについても事前に話し合われました。どこから生まれてくるか、という問いには「性器」であると正直に伝えつつも、より詳しいことはもう少し大きくなってから伝えること、命が産まれる場所だから大切な場所であるというようにプライベート

胎児の絵

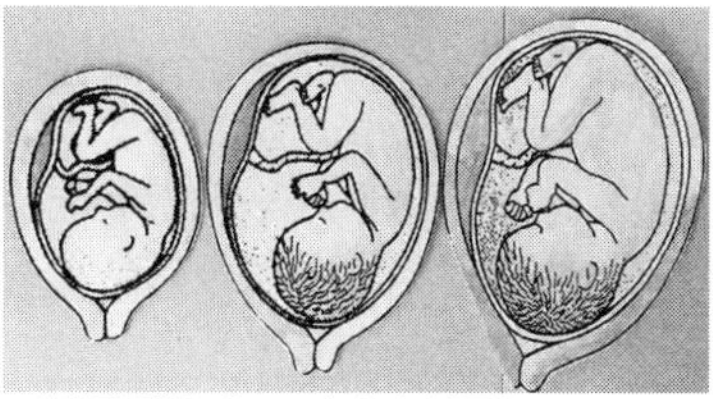

＊妊娠週数によって大きさが異なっている

卵子・精子を表す教材

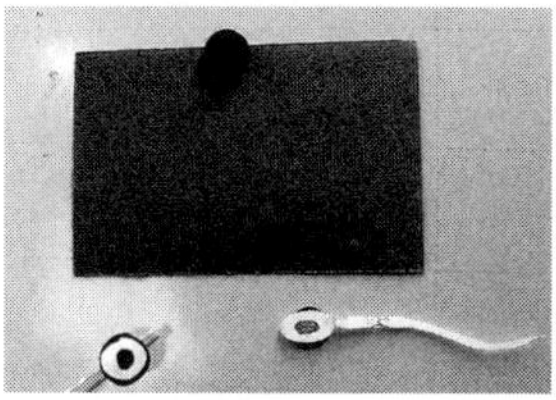

＊上は針で穴を開けた紙。光に当てると、小さな穴が見える。それが実際の卵子の大きさだと説明する

パーツの話につなげることがよいのではないかと話し合いました。性交についても五・六年生になったら学習しようなどとうながすこととなりました。以上の注意点については、事前に全職員にも伝え、対応をお願いしました。

　実際に学習会を実施したところ、視覚的な教材や重さを体感する試みなどは有効でしたが、そちらに意識がいってしまって話を聞けなかったり、騒がしくなってしまうというデメリットもありました。

　第三回・第四回はデールのみで実施しました。第二回で行なった内容をもとにより細かい情報を伝えていきました。

　まずは前出の卵子・精子を表す教材を使用し、卵子・精子の数や大きさなどについて説明をしました。その後、受精卵の絵や子宮の絵を使って受精・着床について伝えました。その後、ＤＶＤ『ＮＨＫスペシャル　人体』[★1]のなかの受精のシーンを皆で鑑賞しました。

　胎児の成長については、十ヵ月間の表を作成し、その間の胎児の成長について、二八枚の単語カードを準備しました。子どもをふたつのグループに分け、グループで相談をしながら、表を完成させるというワークを実施し、最後に皆で答え合わせをしながら胎児の成長を確認しました。チップと同じく、出生時の体重を表した水入りペットボトル

子宮の絵

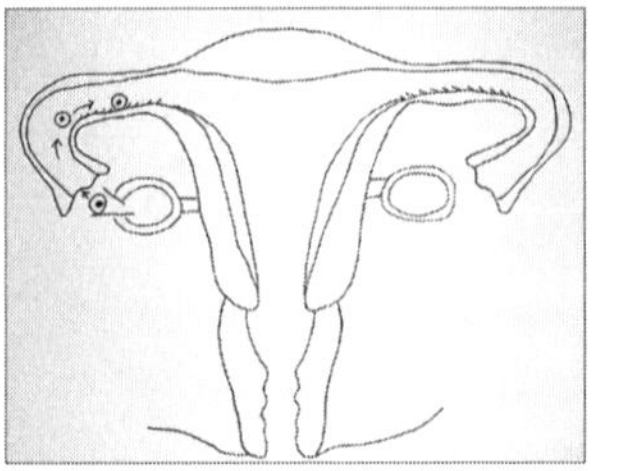

★1　『ＮＨＫスペシャル驚異の小宇宙 人体 Vol.1「生命誕生」』、ＮＨＫエンタープライズ、二〇〇三年

を皆で抱きかかえてみる体験をしてもらいました。

胎児の成長について話をする際は、妊娠・出産における母親の大変さや気をつけるべきこと（妊娠中の喫煙や飲酒）などについてはあまり触れていません。それは児童養護施設などで暮らす子どもたちの胎生期・出生時のエピソードはさまざまであり、妊婦健診が未受診であったり、妊娠中に母親が煙草やアルコール・薬物を摂取していたりすることがあるからです。「お腹のなかにいたときに大事にされていなかったのではないか」「大変な思いをして産んだのに、どうして施設に入れたのか」など、自分自身と親に対して非常に複雑な感情を抱いてしまうことが懸念されます。それらの疑問に向き合っていくことは大切ではありますが、学習会のなかで取りあつかうことは難しいと考えました。そこで、母親の状態についてはあくまでも科学的・現実的な知識（つわりやお腹のふくらみなど）についてのみを伝えていくことにしました。また胎児が自分の力で成長し、出生するというメッセージを強調し、子どもたちを主体とした話を心がけることにしました。

全体的に子どもたちの反応は良好ではありましたが、理解度に関しては個人差が大きくみられました。教材やＤＶＤなど、視覚的なものを利用する方が理解しやすい様子ではありました。

子どもたちへの学習会については、総じて時間と情報量を多くしないことが大切であることが反省としてあげられました。

胎児の成長の様子（胎児の絵は実寸大）

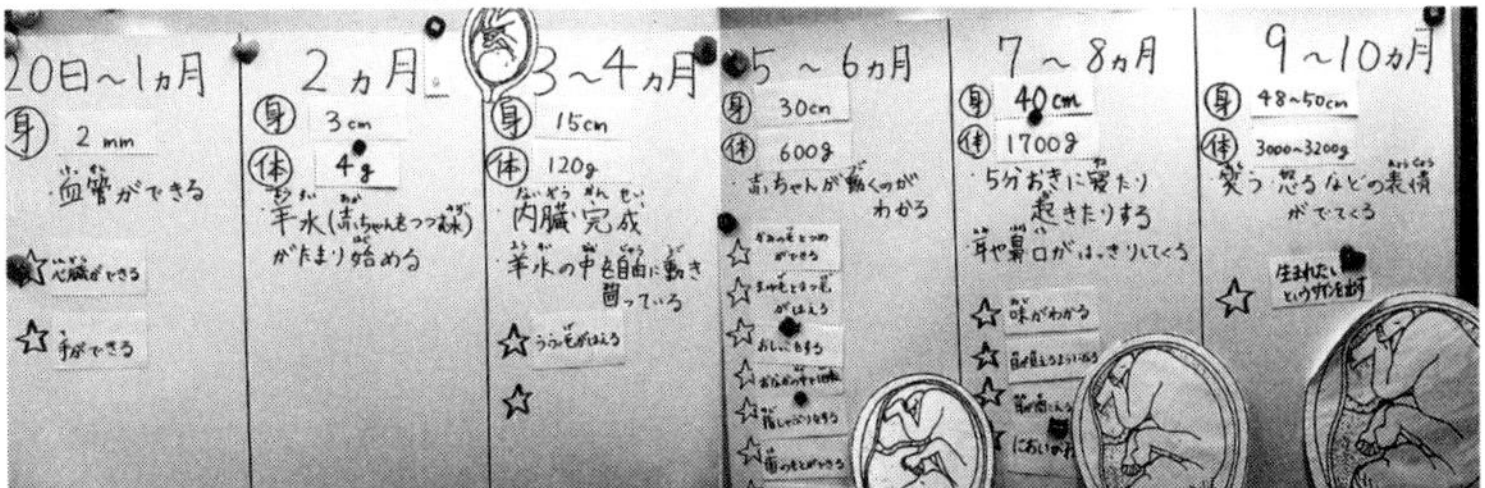

こうして、性教育委員会の最初の一年が終わりました。どれも準備にかなりの時間を要し、さまざまなことに配慮をめぐらせ、そして職員や子どもの反応を探りながらの取り組みでした。次年度以降への課題や反省点は多数ありましたが、施設のなかに性教育を根づかせるための第一歩を踏み出せた実感が、性教育委員会のメンバー間にはたしかにあったことが思い出されます。

五．委員会としてのあゆみ

さて、ようやく動き出した性教育委員会の活動ですが、実際の活動内容については第五章、第六章の実践報告に筆を譲るとして、ここではその組織としての歩みについて、スポットを当ててみたいと思います。何事も、新しく立ち上げたはいいけれども、活動が尻すぼみになり、そのうち形骸化していくということはよくあることです。また、性教育に熱心で詳しい職員がいるうちは活動も活発ですが、そういう職員が性教育委員会から離れてしまったり退職してしまったりすると、ぱたりと活動がなくなってしまう、という話もよく聞くところです。「どんな活動をしたのか」ということだけでなく、「どのように活動をしたのか」ということも、おそらくいまから取り組もうとしている方々にとっては参考になるだろうと思われます。

そこで、この節では性教育委員会がどのように活動を変化させ、そして施設に根づいていったのか、その委員会としての歩みについてお伝えしていこうと思います。

◎活動の拡大と部会制の導入

発足までの時期と初年度は、施設内で性教育委員会の役割と必要性がまだ認知されていなかったため、職員研修および学習会の準備や話し合いはメンバーそれぞれの勤務時間外や休日を利用して行なわれていました。しかし、性教育委員会を長期にわたって存続させ、一定の活動を維持していくためには、施設のなかで性教育委員会をひとつの委員会として位置づけ、その活動を保障していく必要がありました。初年度を終え、性教育委員会の活動に一定の評価を得ることができたため、二〇〇九年度からは勤務時間内での活動を認めてもらうことができました。

また、二〇〇九年度からすべての年齢の子どもたちにさまざまな方法で性教育を行なっていくことになりました。この方針は、年度によって内容や頻度に違いはあるものの、基本的な方針として現在まで継続されています。

対象児童が拡大されたことにより、メンバーの業務負担も必然的に増大することになりました。二〇〇九年度は職員研修二回、小学生を対象とした学習会「チップ＆デール」三回、職員への知識提供を意図としたミニ学習会四回、幼児への取り組み一回が行

2010年度　性教育委員会組織図

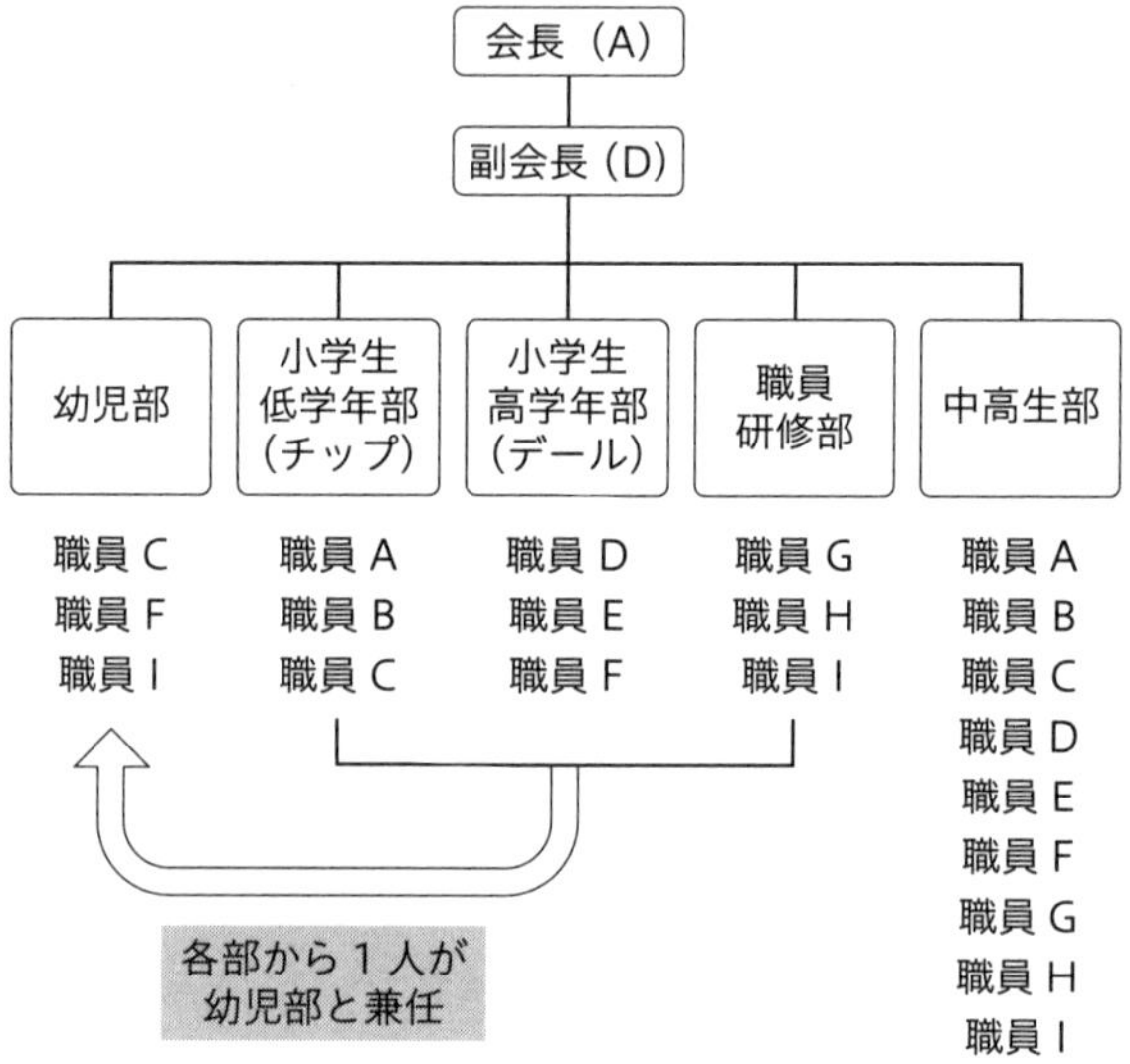

なわれ、それぞれの活動の準備として月に一回の話し合いをしました。いかに勤務時間として活動が保障されたとしても、これではメンバーの通常業務を圧迫しかねず、また「性教育委員会は忙しい」というイメージがついてしまえば、性教育委員会に所属したいと思う職員も少なくなってしまうだろうことが懸念されました。

そこで二〇一〇年度からは性教育委員会に新たに三名の職員を加え、九名で活動を分担していくことになりました。分担することでそれぞれの活動がみえづらくなるなどの懸念もありましたが、負担の多い委員会活動は今後施設のなかで継続できないと考え、部会制[☆4]を導入することにしました（前頁表参照）。

幼児部については、幼児寮担当ＣＷによる絵本や紙芝居の読み聞かせを主としており、絵本・紙芝居の選定と作成を性教育委員会が担うことになりました。また、中高生に対しては担当ＣＷが個別に性教育を行なうことにし、性教育委員会はその実践を共有・検討する場として年に四回のＣＷの座談会を設定することになりました。座談会の各回にメンバーを二〜三名に振り分け、実施していきました。部会制のデメリットである、各部の活動がみえにくくなるという問題に対しては、各部のリーダーを決め、定期的にリーダー会を実施し、会長・副会長が進行管理を担うことによって、全体としてのまとまりを維持していきました。

部会制の導入によって、それぞれの委員会メンバーの業務負担はたしかに軽減することができたように思います。そのため、部会制は年度によって多少の違いはありますが、現在に至るまで継続されています。

☆4　性教育委員会の組織上ではそれぞれを「部」と呼んでいるが、子どもたちへの実践のなかでは「グループ」という言葉を用いている。

◎低迷期

発足から三年が経ち、委員会の人数も活動も拡大され、少しずつ施設のなかに性教育が浸透しはじめたころでした。二〇一〇年度末、性教育委員会発足から関わってきた初期メンバー二名が退職をすることになり、それに伴って二〇一一年度から新たに二名の新メンバーを迎えることになりました。その二〇一一年度のメンバー変更によって、寮舎・グループホームに必ず一人は性教育委員会のメンバーがいるようになりました。このことによって、性教育委員会の活動がさらに生活のなかに根ざしたものになっていくことを目指しました。しかしながら、二〇一一年度途中には二名の途中退職、年度末には一名の脱会があり、二〇一二年度には再び新しいメンバーを加えることになったのです。職員の退職は起こりえることですし、委員会メンバーの入れ替えは多くの職員に性教育委員会を経験してもらえるという点や、メンバーの固定化によって委員会が閉鎖的にならないようにするためにもよいことのように思われました。しかし、実際には短期間での度重なるメンバー変更によって性教育委員会自体の知識や経験、そしてモチベーションが下がってしまったことが大きな弊害として残ってしまいました。

活動自体にもマンネリ化した部分がみられはじめました。この時期の活動内容を振り返ってみると、職員研修は事例検討とロールプレイがお決まりのように行なわれ、子どもたちの学習会でも毎年同じような内容が続いています（第五章、第六章参照）。特に二〇一一年度は職員研修や小学生への学習会の企画や反省会などの議事録が最も少ない時期でした。性教育委員会のみならず、施設全体としても、性教育の必要性への意識は高まりながらも、どこか「他人事」になってしまっていたように思います。そのことを象徴するように中高生への性教育として実施されていた職員の座談会への参加人数は回を重ねるごとに減少していきました。

そのため、性教育委員会内の知識の低下とマンネリ化を打破することで、もう一度モチベーションを高めようと、二〇一一年度の後半に、性教育委員会のスキルアップと意識の統一を目指し、『[★2]子どもたちと育みあうセクシュアリティ――児童養護施設での性と生の支援実践――』を課題図書として使用し、その内容を分担して要約をするという作業をしました。

◎委員会の再構築

二〇一一年度に二名の途中退職、年度末に一名の脱会があり、性教育委員会の力量が低下した状態を鑑みると、二〇一二年度に新メンバーを追加するかどうかには賛否がありました。各寮舎・グループホームに委員会のメンバーがいることでより実践しやすくなるというメリットを優先し、新たに二名のメンバーを加え、計八名で活動をしていくことになりました。

まずは再度委員会内の意識の向上と、施設全体の意識の向上を目指し、二〇一一年度末に分担して要約したものを全職員と共有しました。また、活動形態については部会制を踏襲しながらも、職員研修については全員で集まって検討していくことにしました。これは、全員で集まる機会を増やすことによって、話し合いの充実化を図るとともに、

★2　太田敬志・木全和巳・中井良次・鎧塚理恵〝人間と性〟教育研究協議会児童養護施設サークル編著、六一頁前掲書

メンバー同士での研鑽を意図したものでもありました。

またメンバーの退職が続き、それに併せて会長もコロコロ変更することになってしまったことも、委員会としての活動が積み重ならなかった要因のひとつであろうと考えられました。そこで二〇一二年度途中からは初期メンバーのなかの一名が会長職を担い、委員会の再構築を図りました。その後、メンバーの入れ替えは毎年度一～二名行なわれていますが、継続して活動に参加するメンバーも増えていったことで、委員会の知識・意識は一定のレベルを保つことができていると思われます。このことは性教育委員会だけの問題ではなく、施設全体としての平均勤続年数の上昇とも関連してくるでしょう。

◎新たな試み

二〇一三年度からは新たな試みとして、これまでの活動をまとめていく「文書化部」が創設されました。文書化部は二〇一三年度から二〇一五年度の三年間でこれまでの性教育委員会の活動をまとめ、二〇一六年三月に「性教育委員会　活動報告」という冊子を作成、施設内にて配布をしました。この冊子は単に活動を報告するのみならず、発足の経緯やこれまでの歩みを新任職員にもわかるようにすることで、施設全体の性教育へのモチベーションが低下しないようにするという目的もありました。二〇一八年度には再び「文書化部」がつくられ、本書の作成に着手することとなりました。

二〇一六度からは新任職員研修の際に「性教育の基礎」という講義をしています

（二〇一七年度のみ実施せず）。二名ほどのメンバーが講師を担い、講義の際には前記の「性教育委員会　活動報告」を配布しています。

二〇一七年度には、各寮舎・グループホームのなかで日常的な性教育が実施されているのかどうかを把握する取り組みが開始されました。いまは現状把握が主ですが、今後これをもとに各年齢における性教育の内容などの標準化を目指しています（第六章参照）。

また、子どもたちへの活動にも新たな試みがはじまりました。これまで中高生への性教育は担当ＣＷが個別に行ない、そのフォローとして性教育委員会が座談会を実施し、性教育に関する情報提供・アドバイスをしたり、各寮舎・グループホームの性教育実践の進行管理をしたりしてきました。しかし、座談会の参加人数が減少していることから、中高生に対しては新たな取り組みが必要ではないか、という議論が起きたため、二〇一八年度より、中高生に対する学習会を実施することになりました（第五章参照）。

新たな活動が増えるなかで、組織図も変化しており、現在は九五頁の表のようになっています。

◎外部研修への参加

二〇〇八年度に活動を開始してから、性教育委員会は「〝人間と性〟教育研究協議会　全国児童養護施設サークル」が主催する全国セミナーに毎年参加をしてきました。二〇〇八年度には初期メンバー全員が参加し、研鑽を積みました。二〇〇九年度は後進の育成のために性教育委員会以外の職員二名と委員会メンバー一名を、二〇一〇年度以降はその年に新しく性教育委員会に入ったメンバーを同全国セミナーに派遣し、児童養護施設における性教育について学んできました。二〇一五年度以降はセミナーの参加形態に変化があり、当施設からの参加が難しくなってしまいました。以降、外部研修への参加は滞っています。

外部研修への参加が滞っていることは、施設内である程度の研修が担保できているためでもあります。しかし、やはり新たな知識を得ること、他施設の実践例を見聞きすることによる学びに加え、講師やほかの参加者の熱意に触れることで性教育へのモチベーションを高める意味でも重要な活動であると考えます。この点に関しては、私たち性教育委員会の新たな課題として、今後検討していく必要があります。

以上、本章では、性教育委員会発足から現在までのあゆみについて述べてきました。二〇〇八年に性教育委員会が発足してから、活動自体は定着してきているものの、職員の意識については、変動がみられてきました。職員の退職は起こりうることでもあるため、メンバーが入れ替わったとしても施設内における性教育に対する意識を高い水準で保っていくことができるのか、ということは今後も重要な課題になってくると思われます。

2020 年度　性教育委員会組織図

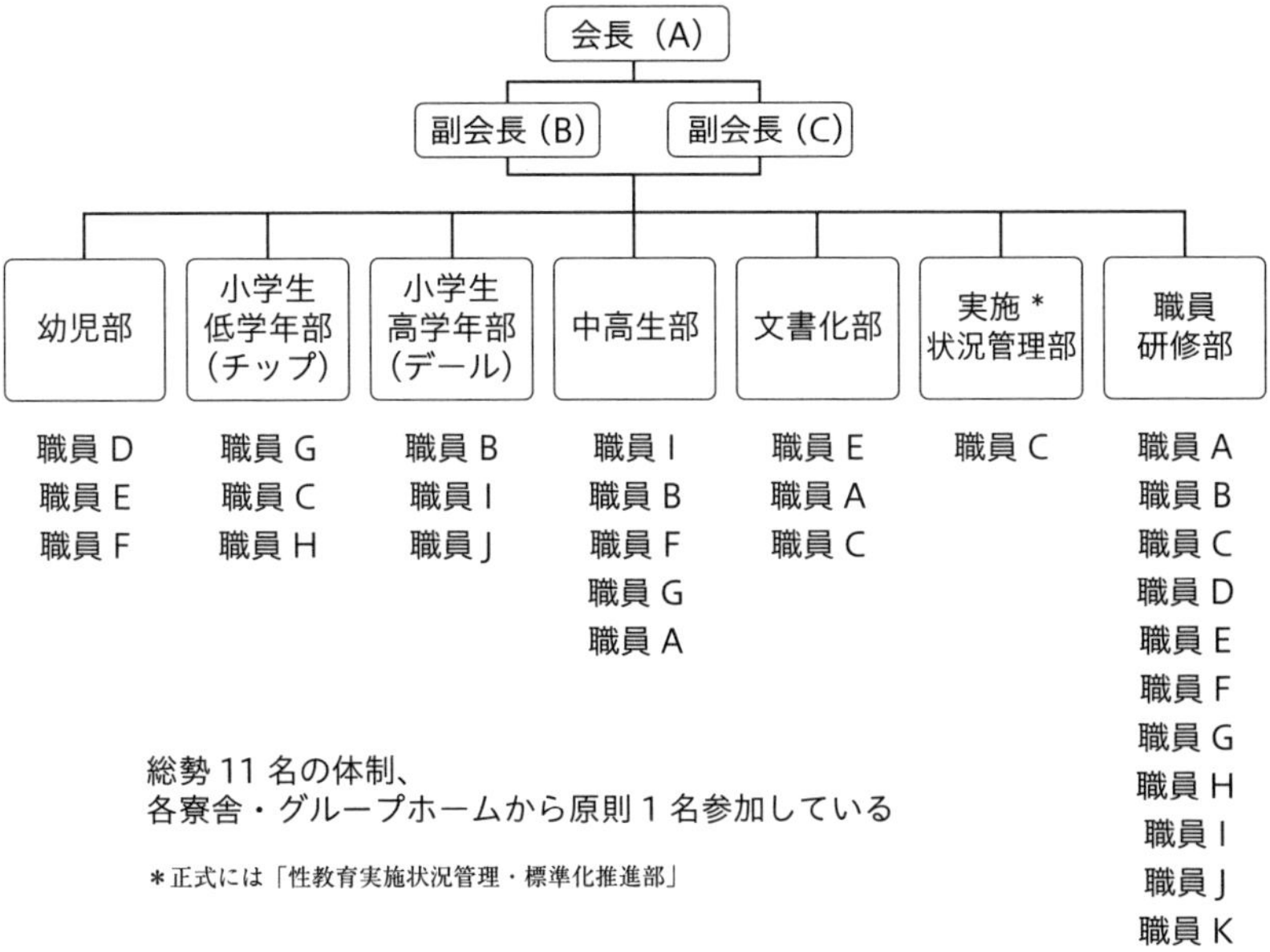

総勢 11 名の体制、
各寮舎・グループホームから原則 1 名参加している

＊正式には「性教育実施状況管理・標準化推進部」

コラム3

「仲間づくり」と「根まわし」は、もしかしたら児童養護施設（児童福祉施設）という組織のなかで性教育を実施・展開するためには最も大切なことかもしれません。

性教育の必要性を感じ、導入を訴えるケアワーカー（CW）が出現をしても、一人ではなかなか組織のなかでは声が周囲に届かないでしょう。よっぽどメンタルが強い人物でなければ、訴えることに疲れてしまい、尻すぼみになってしまうことが予測されます。また、ひとつの生活ユニットでは必要性が浸透し、性教育が展開されたとしても、施設全体としての取り組みにまでは至らないのはよく聞く話です。このような事案は、性教育だけに留まらないですね。

いかに性教育を施設全体で取り組めるかのひとつ目のカギは、「仲間づくり」です。まずは、性教育が必要であるという認識を持つ仲間を集めましょう。小舎のようにケアワーカーが特定の生活ユニットに固定されている場合には、異なる生活ユニットのケアワーカーで結集しましょう。また、ケアワーカーだけで組織せずに、たとえばファミリーソーシャルワーカーや心理療法担当職員、栄養士などの他職種に参画してもらうと、より横断的で説得力のある組織になるでしょう。

ふたつ目のカギは、性教育委員会内に施設内で一目置かれている人物を取り込みましょう。「仲間づくり」に成功したとしても、施設全体のなかで性教育の重要性を印象づけるには必要な手法でありましょう。すなわち「根まわし」ですね。ただ気をつけたいのは、主任などの職位を所持している人物ではなく、あくまで「一目置かれている人物」です。施設内で恒久的に性教育を実施していくためには、「なぜ性教育が必要なのか」を科学的な切り口で、納得を求められる力が不可欠だからです。そのような力をもち合わせている人物は、職位は関係なく、周囲から一目置かれていることが多いですね。むろん、そのような人物が職位を所持しているのは問題ありません。

この「仲間づくり」と「根まわし」が成功すれば、たとえば職員全員参加型研修の時間が確保できたり、施設に入所している小学生全員対象の性教育が実施できるでしょう。実は東京家庭学校で性教育委員会を立ち上げたときは、施設内で戦略的に性教育を展開するために「仲間づくり」と「根まわし」を担う「参謀」という役割を委員会メンバー内に設けていたのです。ただし、いうまでもないですが、有限的な時間内での取り組みとなりますから、魅力的かつ実用的な企画内容を性教育委員会が提供することは最低条件でありましょう。

第五章　子どもへの性教育の取り組み

子どもへの取り組みでは、小学生を対象とした学習会を二〇〇八年度より行なっています。その後、幼児への取り組みを二〇〇九年度（学習会は二〇一三年度）から、中高生に対する取り組みを二〇〇九年度（学習会は二〇一八年度）から行なっています。

学習会には性教育の各グループの担当メンバーのほかに、子どもたちの担当ＣＷにも参加をお願いしています。学習会の内容や伝え方について知ってもらい、各寮舎・グループホームで行なうきっかけにしてもらうためです。

一．小学生への取り組み

小学生への取り組みは、一〜三年生の低学年グループ（チップ）と四〜六年生の高学年グループ（デール）の二つのグループに分かれて実施しています。二〇〇九年度は年三回（九・一・二月）行ないましたが、二〇一〇年度以降は年四回（基本的に七・九・十一・二月）行なっています。一回の時間は約四五分で設定しています。

毎年、初回と最終回には全学年で集まります。初回では新一年生や新入所児等の紹介、性教育委員会メンバーおよびチップ・デールの担当メンバーの紹介をします。最終回では学習会後に六年生が卒業すること、低学年グループから高学年グループに上がる子どもの確認や次年度の新一年生の確認をしています。全体で確認することにより一体感を高め、困ったときには担当ＣＷ以外にも相談できる職員がいることを伝えるためです。

子どもたちが主体的に学べるよう、手洗いなどの体験をしたり、わかりやすいように視覚的な教材を用いたりするなど、参加型の学習会となるようにしています。また、原則全員参加となりますが、個別に配慮が必要な子どもに対しては途中退室できることを事前に伝えたり、参加するかどうかを選ぶように伝えたりしています。学習会後には、担当ＣＷと振り返りなどをするよう声をかけ、担当ＣＷと性について話すきっかけとなるようにしています。

チップでは、性教育の基本についての学習が主となっています。目的は、自分自身の体や心を大切にしようという意識を育むことです。一年生から三年生を対象としているため、理解力に差があること、また年度によっては特別支援学級に通う子どもも参加していることから、わかりやすさに重点を置いています。そのため、視覚的な教材や、ロールプレイを活用し、より具体的に理解できるように努めています。

デールでは、主要なテーマとして第二次性徴について取りあつかっています。第二次性徴によって現れるさまざまな変化を子どもたちが肯定的に乗り越えられるようになることを目指しています。月経・射精については、内容が難しいところもあるので、十分な時間が取れるように配慮しています。言葉だけでは難しくなってしまうため、チップ同様、視覚的な教材を活用しています。また、年齢的に性に対する恥ずかしさが出てくる年ごろなので、クイズやグループワークなどを盛り込み、子どもたちの好奇心を刺激し、楽しんで学習できるように努めています。

◎小学校低学年への取り組み

チップでは、主に①体の名称 ②プライベートパーツ・ゾーン ③距離のとり方 ④身の守り方 ⑤いいタッチ・わるいタッチ ⑥清潔をテーマとしています。各年度で組み合わせが変わることはありますが、六つのテーマを四回の学習会に振り分けて実施しています。

過去三年間のテーマの振り分け例は表のとおりです。たとえば、体の名称と清潔を一緒に行なう場合には、先に体の名称を行ない、そのなかで出てきた名称を使用し、入浴

チップのテーマ振り分け例（過去３年間）

2017 年度	7/12	体の名称、清潔
	9/11	プライベートパーツ・ゾーン いいタッチ・わるいタッチ
	11/6	身の守り方、距離のとり方
	1/29	１年間のまとめ
2018 年度	7/6	体の名称、プライベートパーツ・ゾーン
	9/24	清潔
	11/26	いいタッチ・わるいタッチ、距離のとり方
	1/28	１年間のまとめ
2019 年度	7/17	体の名称、プライベートパーツ・ゾーン 清潔
	9/28	いいタッチ・わるいタッチ 距離のとり方＋清潔（手洗い）
	11/13	身の守り方、距離のとり方Ⅱ＋清潔（歯磨き）
	2/5	１年間のまとめ

の際にしっかり洗えているかどうかなどの確認をします。また、体の名称とプライベートパーツ・ゾーンを一緒に行なう場合は、同じ体の名称のため、関連づけて伝えることができます。プライベートパーツ・ゾーンといいタッチ・わるいタッチを一緒に行なう場合には、他者のプライベートパーツ・ゾーンへのタッチはわるいタッチに入ることを伝えることができます。そのような点を考慮しながら、どのような組み合わせで実施するかをチップ担当のメンバーで考え、一年間を通して子どもたちに伝えていきます。

二〇一九年度には、学習会であつかってほしい内容や重点をおいてほしいテーマなどを担当ＣＷに聞くためにアンケート（以下チップアンケート）を実施しました。そのなかで、清潔と距離の取り方についての希望が多かったため、二〇一九年度は各回に清潔の項目を取り入れたり、距離の取り方を二回取りあつかったりしました。

以下、取り組みの具体的な内容について紹介していきます。

（一）体の名称

ねらい：自分の体を知る

体の名称では、裸の絵をホワイトボードに貼り、視覚的にわかるようにしています。裸の絵を使う際には、脱着できるようにした衣服や肌着を着けた状態で見せてから、「今日はみんなで学ぶために失礼して、洋服を脱いでもらいますね」と言ったうえで衣服を取り外すなどします。子どもが矢印の紙に書いた部位名を絵に貼ったり、職員が部位名[☆1]

☆１　後述のプライベートパーツの学習において「見ない」「見せない」ということを学ぶことや、身を守ることについて学ぶこととの整合性を図るため。

を言い、子どもには自分の体でここだと思うところに触れてもらったりします。子どもがどの程度わかっているのかを確認しながら行なっていきます。また、参加している子ども全員が字を書ける場合は、ワークシートを用いることもあります。

子どもに矢印を貼ってもらうときは、子どもが正解できるように配慮し、正解できれば拍手をしたり「すごいね」などの声をかけたりします。違う箇所に貼ろうとしているときには「もうちょっと下かなぁ」「ほかの子に助けてもらう?」などの声をかけ、少しでも楽しく、全員が参加していると思えるようにします。ときには「せなか」と書かれた矢印をホワイトボードの後ろに貼る子どももいました。

また、簡単な箇所(あご・みみ・め・くびなど)は一年生や初参加の子どもに、少し難しい箇所(ひたい・こめかみ・ふくらはぎ・すねなど)は三年生などの経験者に貼ってもらうようにしています。年度によってどの部位を伝えるかは多少異なりますが、おおむね二十ヵ所ほどの部位名を確認しています。自分に自信がないために、自分の体を知ることについて拒否的な反応を示す子どももいました。

(二) プライベートパーツ・ゾーン

ねらい:プライベートパーツがどこか知る。四原則を知る。

プライベートパーツでも①体の名称と同様に裸の絵を使用しています。「口、胸、性器、尻」の四ヵ所をプライベートパーツとして伝えています。体全部をプライベートパー

体の名称ワークシート

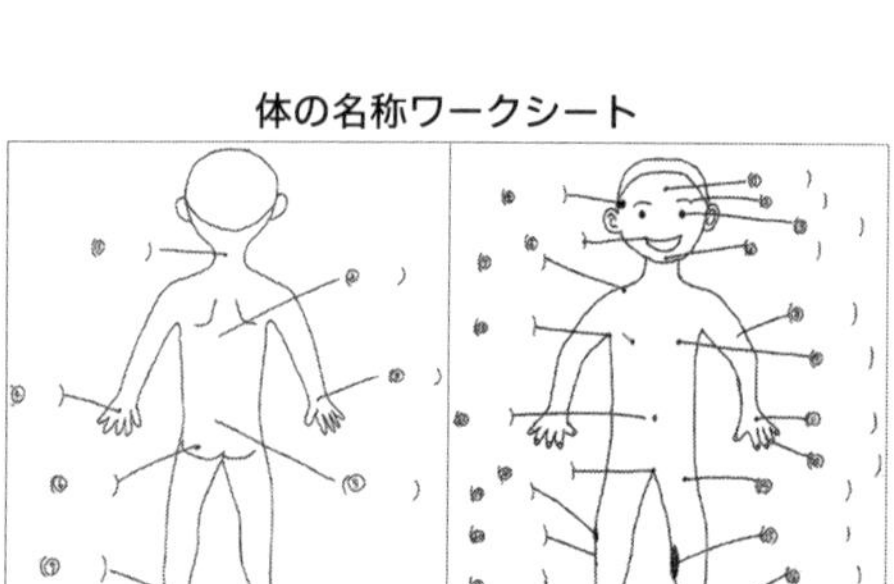

裸の絵

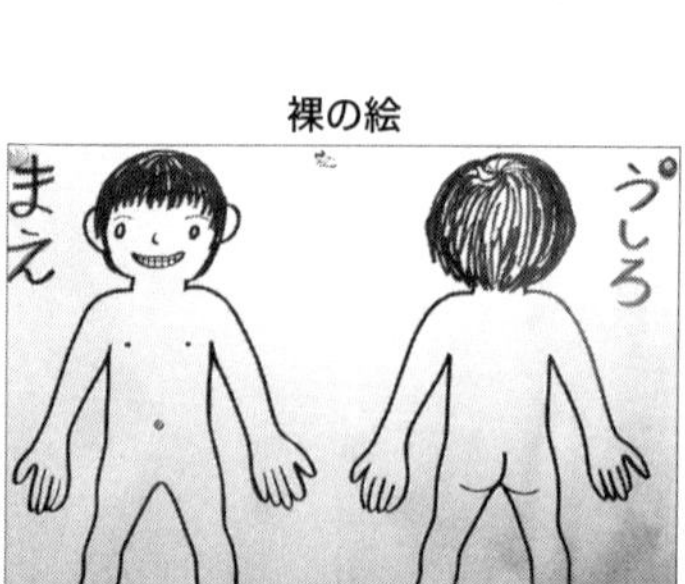

ツ・ゾーンとする文献などもありますが、当施設では四ヵ所に絞っています。「見せない・触らせない・見ない・触らない」の四原則とともに教えることで、体のなかでも特に自分だけの大切な場所であることを強調して伝えるためです。また、この四原則は頭文字をとって「みさみさ」という合言葉にして伝えており、図のようなカードを作成して配布しています。

性器について男女で名称が異なることは特に触れず、名前も「性器」で統一しています。

子どもたちからは「エッチ」「気持ち悪い」「変態」などの発言がみられることもありますが、過剰に反応したり、注意したりはせずに大事なことであることをそのつど伝えています。

(三) 距離のとり方

ねらい：物理的な距離について考える

距離のとり方では、物理的にどの程度の距離が適切かということを話します。

適切な距離は、関係性などによって異なるため一概に決められることではありません。子ども同士であったとしても、年齢差や同性異性の違いなどで異なります。たとえば年長児がいい意味で年少児の面倒をみる

プライベートパーツ・ゾーン

なかで膝に乗せる、おんぶするなどの関わりもあります。そうした関わりまで否定する必要はありません。関わり方の良し悪しについては、子どもの特性や関係性を考慮したうえでの判断が必要となります。そうした子ども同士の関わり方を担当CW間で話し合えているか、共通認識をもてているかということも大切な点です。また、担当CWと担当以外のCWとの距離のとり方、実習生との距離のとり方はそれぞれ異なります。そのため、第三章の入所児童の課題で述べているように距離感が近い子どもが多いなかでは、特に大切なテーマです。また、チップアンケートのなかでも重点をおいてほしいテーマのひとつとなっています。こうした難しさがあるテーマですが、スタンダードな内容として次のことを伝えています。

距離感を伝える際には、視覚的にわかりやすいように自分たちの腕を使います。両手を広げた腕二本分、片腕を伸ばした腕一本分、手を腰につけ肘を曲げた肘分、両手を下げたゼロ距離の四つの距離のとり方について例をもとに考えていきます。基本的な距離は腕一本分としています。そのなかで、関係性や場面によって距離は変わってくることを伝えています。子どもから「きょうだいはいいんでしょ？」という質問が出たこともありましたが、きょうだいであっても適切な距離は必要だと伝えています。

（四）身の守り方

ねらい：身近な危険と対処法を知る

距離カード

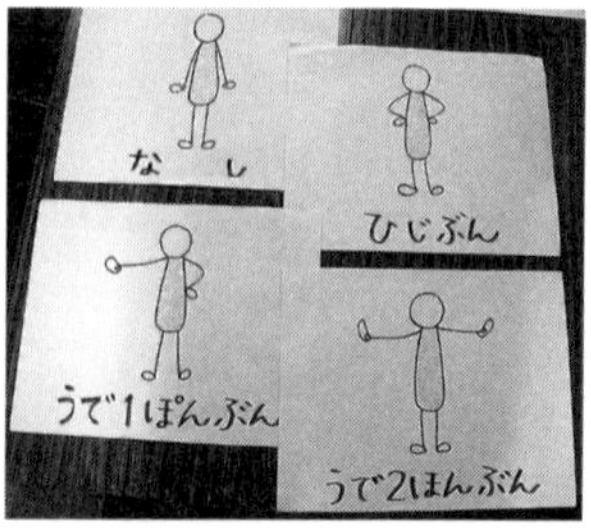

「いかのおすし」カード

身の守り方は、警視庁と東京都が考案した防犯標語「いかのおすし[★1]（行かない・乗らない・大声を出す・すぐ逃げる・知らせる）」を活用したり、下校時や遊んでいるときに起こりうる危険についての紙芝居を作成したりして、伝えています。

紙芝居を見ながら一つひとつの場面について、どうすべきかを子どもたちと考えます。大声を出す、防犯ブザーを鳴らすなどの対処方法についてはロールプレイを行なうこともあります。防犯ブザーについては、鳴らすだけではなく、投げるなどの使い方を確認したり、実際に使えるかどうかを担当CWと確認してみたりするように伝えています。また、「こども110番の家」のプレートを印刷した紙を見せ、掲げている場所を知っているかどうかの確認をします。通学路やよく行く公園までの道でふだんから探してみるように声をかけ、意識できるようにしています。

身の守り方（紙芝居）

（五）いいタッチ・わるいタッチ[☆2][★2]

ねらい：どんないいタッチ・わるいタッチがあるか考える。

★1　警視庁「おやこでまなぼう！『いかのおすし』で毎日安全！」https://www.keishicho.metro.tokyo.jp/kurashi/higai/kodomo/kodomo110.html（参照：2020/08/20）

☆2　絵本『いいタッチわるいタッチ』の言葉。わかりやすいため東京家庭学校ではそのままの言葉を使用している。

★2　安藤由紀『いいタッチわるいタッチ―だいじょうぶの絵本2』、二〇〇一年、岩崎書店人によって捉え方が違うことを知る。

さまざまなタッチをしている絵を見せ、いいタッチかわるいタッチかの判断を聞きます。絵のなかにはあえて判断がしにくいように、表情のない絵を用意し、そのときの気持ちを表情カード[☆3]から選んでもらいました。なぜその表情を選んだのかを聞き、同じ行動であっても、関係性によりいいタッチかわるいタッチか分かれることを確認します。子どもによっては、「抱っこされている」「おんぶされている」ときの絵を見ても、困った表情や無表情を指す子がいました。感じ方の違いを知ることをポイントにし「笑っているけど、嫌な気持ち」があることも伝えています。

わるいタッチをされそうになったときには大声で叫ぶこと、もしされてしまったら必ず大人に話すことなども併せて伝えています。

（六）清潔

ねらい：体を清潔にする意味を知る

第三章で述べたように、入所前の家庭環境によっては清潔にする習慣のない子どももいます。また、面倒くさいからと怠る子どももいます。チップアンケートでは重点をおいてほしい項目の第一位となっていました。

体を清潔にする理由や清潔を保つための洗い方などについて伝えます。重点は年度によって変わりますが、水虫・あせも・虫歯などの写真を見せ、そうならないためには何

いいタッチ・わるいタッチ

☆3 「怒り」「嬉しい」「何も感じない」などの表情をイラストにしたもの。

が大切か、という話をします。手洗いについてはどのタイミングで行なうのがいいのかを確認したり、手洗いの歌や手の洗い方の絵を元に洗い残しをしやすいところを確認したりします。

また、実際に絵の具を手に塗り、手の洗い方を実践したり歯垢チェックを使った歯磨きの体験を行なったりします。

《番外編》妊娠・出産・乳幼児の発達

二〇〇九年度、出産した職員に来てもらい、チップ・デール合同で話を聞く機会を設けました。実際に赤ちゃんを連れてきてもらい、エコー写真も見ながら、生まれた後の成長を中心に話をしてもらいました。話をする際には、出自や出生に否定的な子どももいるため、できるだけ科学的な事実を伝えるようにしました。

妊娠中については、羊水につかっており、ふやけていること、しゃっくりがあること、胎内で動くことなどを、また、出産については誕生時に泣いて肺呼吸になることやさまざまなかたちの出産方法があることを伝えました。生後の様子として、体重や身長の成長、ごはん（ミルク・離乳食など）や便などについて話をしました。

子どもたちは興味をもち、いろいろな疑問も多く出ました。しかし、出自や出生に否定的な子どももいるなかでは、赤ちゃんに対して拒否的な発言もありました。

手の洗い方

ワニくん（歯磨き）

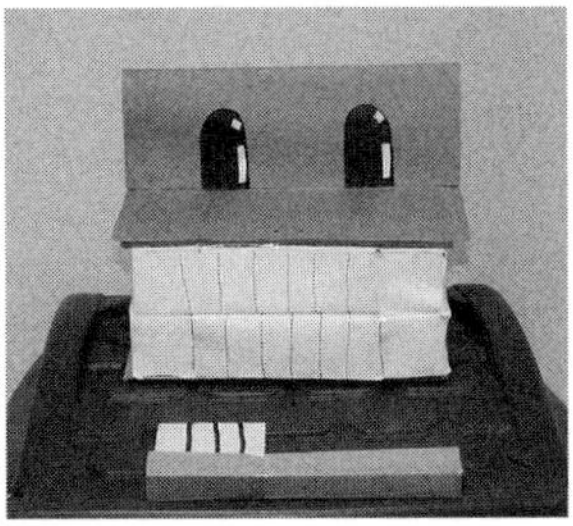

《ある回のチップの様子》

テーマ：いいタッチ・わるいタッチ、距離のとり方
司会：メンバーF　補助：メンバーG・H
参加者：子どもA・B・C・D・E、担当CW

メンバーF：これから二回目のチップをはじめます。今日はいいタッチ・わるいタッチと距離のとり方についてやりますが、その前に、前回の復習です。何をしたか覚えてる人？
子どもたち：体の名前！　プライベートパーツ！
メンバーF：そうだね。ではいまからいくつか体の名前を言います。みんなは自分の体でその場所を触ってください。いいかな？
じゃあみんな立って。つむじ、あご、ひたい、うなじ、ひじ、てのこう、こし、ひざ、かかと、すね、ふくらはぎ。

―メンバーG・Hは一緒にやりながら、子どもの様子を見て間違えていたら教える。

メンバーF：はい、体の名称はここまで。みんなよく覚えてました！　次はプライベートパーツです。Gさんが貼っている体の絵を見てね。じゃあ順番にAちゃんからひとつずつ、わかるかな。
子どもA：むね！

メンバーF：そうだね。（と言いながら名称の書かれた矢印を絵に貼っていく）

―ほかの箇所も同様に行なう

＊

メンバーF：はい、前回の復習はここまで。今日のメインテーマいくよー。今日のテーマなんだっけ？

子どもB：いいタッチ・わるいタッチ！

メンバーF：そうだね。あともうひとつ、覚えてる？

子どもC：距離のとり方！

メンバーF：そうだね、正解！　先にいいタッチ・わるいタッチをやるよ。Hさんが持っている絵を見てください。

―メンバーHが暴力の場面が描かれた絵を見せる。

子どもたち：わるいタッチ！

メンバーF：そうだね、叩いたり蹴ったりするのはわるいタッチだね。次の絵はどうだろう？

―メンバーHが、お兄さんが笑顔で表情のない子どもの頭を触れている絵を見せる。

子どもD：いいタッチ！

子どもE：わるいタッチ！
メンバーF：そうか、D君はいいタッチに見えたんだね。どうしていいタッチだと思った？
子どもD：だってお兄さんが笑って小さい子の頭なでてるから。
メンバーF：そうか、笑ってなでてるからいいタッチだなって思ったんだ。
子どもD：うん。
メンバーF：Eちゃんはどうしてわるいタッチだと思ったのかな？
子どもE：んー、なんかこわい感じだから……
メンバーF：知らないお兄さんかもしれないなって？
子どもE：うん。困ってる。
メンバーF：そっか、困ってるように見えたんだね。ほかの子はどうかな？
―ほかの子どもの意見を聞く。

メンバーF：そうだね、同じ場面でも関係によって変わってくるよね。顔が笑ってても気持ちは違うことがあるね。

……………………………………………………

◎小学校高学年への取り組み

デールでは、①第二次性徴～体の変化～、②第二次性徴～心の変化～、③月経・射精、④妊娠・出産をテーマとしています。基本テーマが四つのため、一回につきひとつのテーマをあつかうことが多いです。そのため、チップのように組み合わせを考えることはあまりありませんが、心と体の変化については一緒にやったり別々にしたりと年度によって検討しています。

デールでは多くの回でワークシートを使用します。わかりやすくするためにワークシートの内容を四年生用と五・六年生用で言葉や問題数を変えて作成することもあります。近年では、ワークシートはデール担当のメンバーが用意した個人用ファイルに入れて管理するようになりました。ワークシートの最後にその日の学習会の感想を記入する欄も設けています。学習会後にデール担当のメンバーがファイルごと回収し、メンバーからのコメントを記入して子どもに返却しています。メンバーからのコメントを読んだり、担当ＣＷとの振り返りに使ったりしやすいように、ファイルは子どもが管理しています。

過去三年間のテーマは表のとおりです。以下、取り組みの具体的な内容について紹介していきます。

（一）第二次性徴〜体の変化〜

ねらい：科学的事実を伝えることで体が変わっていくことへの不安を軽減する

第二次性徴によって起きる体の変化について、男女共通のもの、男女

デールの振り分け例（過去 3 年間）

2017 年度	7/12	体の変化〜いままでの成長・第二次性徴〜
	9/11	心の変化〜いままでの成長・第二次性徴〜
	11/6	月経・射精
	1/29	妊娠・出産
2018 年度	7/6	チップの応用（清潔について：体臭、下着、領域、身だしなみなど）
	9/24	心と体の変化
	11/26	月経・射精
	1/28	妊娠・出産
2019 年度	7/17	チップの振り返り、体の変化
	9/28	心と体の変化
	11/13	月経・射精
	2/5	妊娠・出産

で異なるものをそれぞれ取りあつかいます。共通の変化としては、体毛やニキビについて取りあつかいます。男子の変化としてひげが生える、体つきがガッシリしてくること、女子の変化としては骨盤が大きくなることや体つきが丸みをおびることを伝えます。

また、第二次性徴については個人差が大きいこと、他児と比較することではないことを伝えています。なにか気になることやわからないことがあれば、同性の職員に聞くように伝えています。

ワークシートを用いて穴埋め問題としたり、○×クイズを入れたりして子どもたちが感じる恥ずかしさに配慮したかたちをとり、取り組みやすいようにしています。

(二) 第二次性徴〜心の変化〜

ねらい：成長とともに心も変化することを知る

第二次性徴によって起きる心の変化として、自分って何だろうと自らについて考えること、周囲への疑問、他者の言うことが素直に受け入れられない、ストレスを感じやすい、イライラする、仲間意識が出てくる、異性への興味が出てくるなどについて話をします。まだ思春期を迎えておらず、実感がわかない子どもが大半のため、「秘密をもちたがる」「からかいや嫉妬が出てくる」などの例をあげ、職員が寸劇するなど想像しやすいように伝えます。子どもの状況をみて、グループワークを取り入れることもあります。二〇一七年度には「イライラすることについて、ほかの子はどのように対処してい

第二次性徴　体の変化

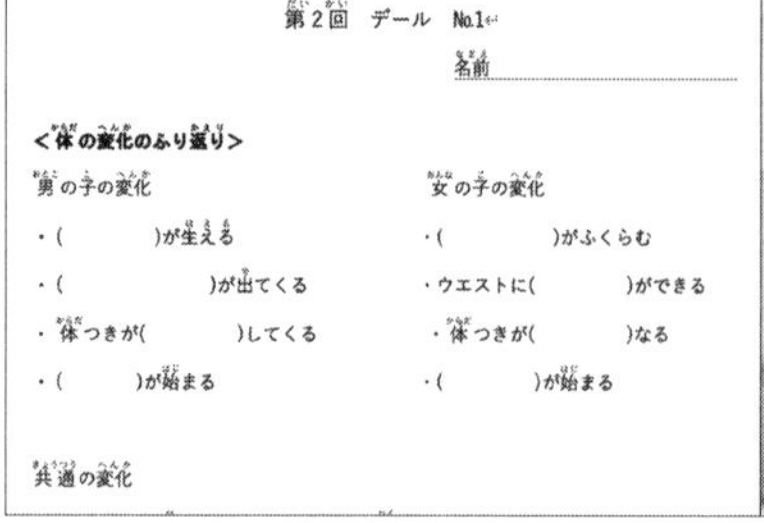

第《だい》2回《かい》　デール　No.1

名前《なまえ》

<体《からだ》の変化《へんか》のふり返《かえ》り>

男《おとこ》の子《こ》の変化《へんか》

・(　　　)が生《は》える

・(　　　)が出《で》てくる

・体《からだ》つきが(　　　)してくる

・(　　　)が始《はじ》まる

女《おんな》の子《こ》の変化《へんか》

・(　　　)がふくらむ

・ウエストに(　　　)ができる

・体《からだ》つきが(　　　)なる

・(　　　)が始《はじ》まる

共通《きょうつう》の変化《へんか》

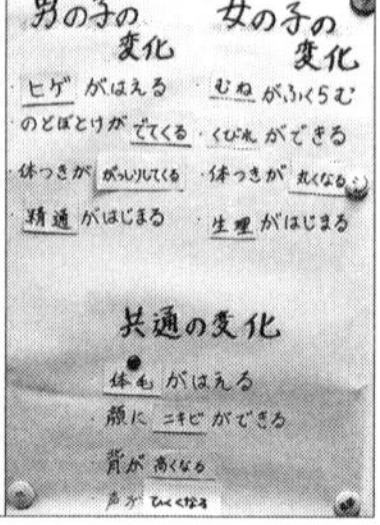

るのか知ろう」というテーマで自分の対処法を話したり、ほかの子どもの対処法を聞いて感想を述べたりしました。

事前にこういった変化が訪れることを伝えておくことで、子どもたち自身が思春期に入った際に、自分自身のことを理解できるようにします。ただし、これらの変化については個人差が大きく、誰もが感じると決まっていることではないことも併せて伝えています。

（三）月経・射精

ねらい：月経・射精の仕組みを知る

月経・射精については、絵を用いながら仕組みについて説明をします。わかりづらかったり、言葉が難しかったりするため、できるだけ情報量を少なくし、視覚化することによって、理解をうながします。

月経については卵巣で卵子が育ち、卵管を通って子宮に来ること、子宮には受精卵を受け止めるベッド（子宮内膜）がつくられること、そのベッドが体の外に出ることを月経といい、約一ヵ月に一度の周期でやってくること、初めての月経を初潮ということを伝えます。また、月経時に出る経血はケガをしたときに出る血液とは別であることを伝えます。

また、経血のついた下着は手洗いすること、月経前症候群（ＰＭＳ）について、体を

月経・射精について

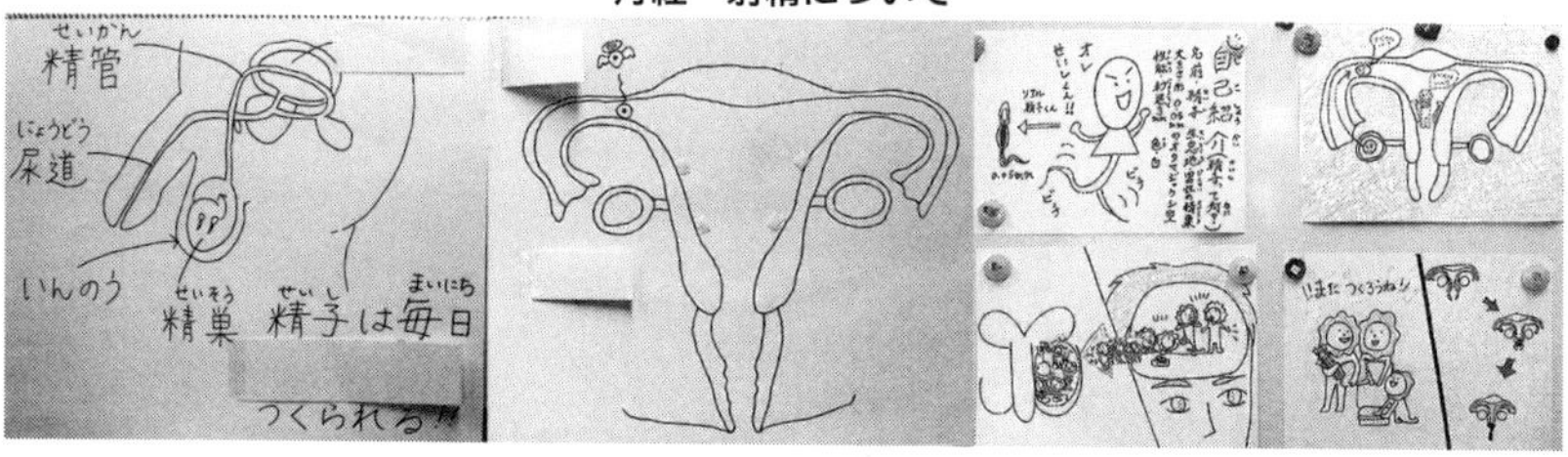

温めるとよいこと、なにか困ったり不安に思ったりしたときには同性の職員に相談することなどを伝えています。

射精については、精巣で精子が作られること、精管を通って精子が外に出ることを射精ということ、初めて射精することを精通ということを伝えます。諸説ありますが、一度の射精で約一億の精子が含まれていることなどを伝えます。また、精子の大きさや形について話します。精液が下着についた際には、手洗いしてから洗濯することを伝えます。

月経・射精ともに、個人差が大きいこと、成長の証であり喜ばしいことであることを強調して伝えています。

（四）妊娠・出産

ねらい：妊娠から出産までの胎児の成長を知る

妊娠・出産について、『ＮＨＫスペシャル　人体』のＤＶＤを鑑賞したり、実際のエコー写真を見たりしながら学習をしています。胎児期の成長過程や生まれるときの身長や重さを伝え、その大きさをイメージしやすいように、身近なもので体感できるようにします。また、乳児用のおやつやジュースをみんなで食べたり、妊婦体験セットを借りて体験した回もありました。体験では男児も積極的に参加している姿がありました。また、前述の番外編のように職員自身の妊娠・出産体験を話してもらい、実際に乳児に触れる機会もありましたが、なかには拒否感を示す子どももいました。

エコー写真を使った説明の様子

◎性交についての取りあつかい

第二次性徴を取りあつかうなかで、「性交」についてどのようにあつかっていくかということは、委員会メンバーでもたびたび議論になるテーマです。「性交」について取りあつかわないことは不自然であること、間違った知識が入る前に正しい知識を伝えていくべき、という意見も多いですが、一方で「性交」を伝えることのリスクを懸念する声や、「性交」について伝えれば、当然それに伴って教えていかなければならないことも増えること、四～六年生と成長に幅のあるなかでは一人ひとりに正しく伝わるか不安があるなどの反対意見も多くみられました。また、第二章の「二．学校教育での性教育」にもあるように、小学校教育における性教育においては、「性交」を取りあつかっていません。そのため学校での学習内容との整合性についても考える必要があり、取りあつかうのであれば施設全体の了解をとること、子どもたちのアセスメントを含め、計画的に行なう必要があるとの結論に至りました。

結果的には、これまでの活動のなかでは「性交」を取りあつかうことはせず、子どもたちから質問があった場合には、個別でのフォローに応じることとなっています。

たとえば、小学校六年生の女の子が「受精卵はどうやってできるのか気になる」とワークシートの感想欄に記入したことがありました。そのときには、担当ＣＷと協議し、生活のなかで担当ＣＷから、その子が好きな動物の交尾の話からはじめ、性交も含めて話をしました。

二．幼児への取り組み

幼児への性教育については、二～六歳と年齢幅による発達の差が大きいこともあり、身近な大人が日常生活のなかで子どもたちに繰り返し伝えていくことが重要となります。そのため、幼児寮担当ＣＷを主たる担い手とし、性教育委員会はその支援をすることを基本方針としています。過去三年間の取り組みは表のとおりです。

取り組みの具体的な内容は、子どもたちの課題や発達状況に応じて変えています。以下、これまでに実施してきた内容について紹介していきます。

（一）紙芝居「いっしょにかんがえよう　たいせつなからだのこと」の作成

性教育の絵本には、身を守ることをあつかったものは多いですが、自分から見せてしまうことを止めるような絵本がないことから、オリジナルの紙芝居を作成することとなりました。クイズ形式にすることで、子どもたちと一緒に学び、楽しむことができるものを作成しました。「自分の体を大切にすること」を主とした内容で、次のような内容が盛り込まれています。

幼児への性教育の取り組み一覧

年度	内容
2017 年度	パペットの作成・実施
2018 年度	パペットの実施
2019 年度	絵本・紙芝居の読み聞かせ

紙芝居「いっしょにかんがえよう
たいせつなからだのこと」

紙芝居「いっしょにかんがえよう　たいせつなからだのこと」の内容

テーマ	内容
清潔	鼻水がたれてきたら？／どうして歯みがきするの？／外からかえってきたら何をする？ それはなんで？／トイレでお尻を拭くのはどうしてかな？
怪我	けがをしたときはどうする？
距離	なんで叩いたらいけないの？
プライベートゾーンについて	パンツをはくのはどうして？／なんで人前で裸になっちゃいけないの？

タペストリー

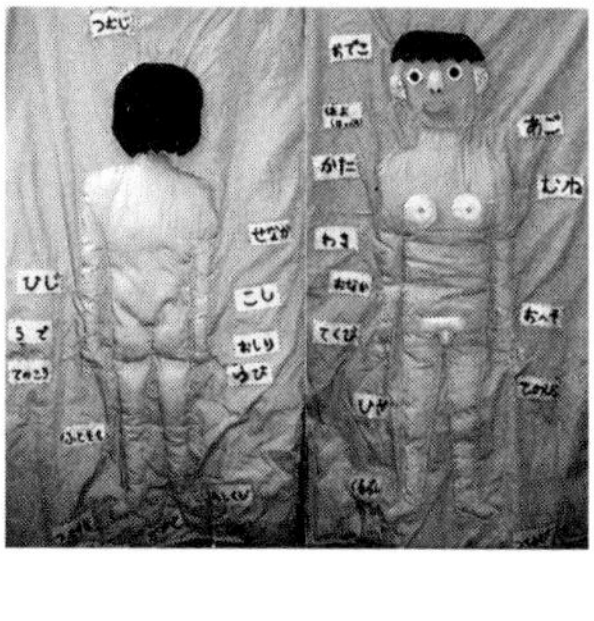

（二）タペストリーの作成

体の名称を学べるような教材として作成しました。体のパーツをマジックテープで貼れるようにし、遊びながら学べるように配慮しました。しかし、完成後に検討した結果、リアル過ぎることから実際の利用は難しいと判断し、利用はされませんでした。このような失敗もひとつの経験として、性教育の方法を考える際に活かされています。

（三）絵本の読み聞かせ

[★4]『いいタッチわるいタッチ』、[★5]『おちんちんのえほん』、[★6]『わたしがすき　だいじょうぶの絵本3』「いっしょにかんがえよう　たいせつなからだのこと」（委員会製作の紙芝居）、これらの絵本の読み聞かせを定期的にすることで、性教育を日常的なものとして皆で意識していくことを目的としています。各年度、重点的に読む本を選定し、定期的に就寝

★4　安藤由紀、前掲書
★5　やまもとなおひで ぶん、さとうまきこ え、二〇〇〇年、ポプラ社
★6　安藤由紀、二〇〇一年、岩崎書店

前の時間に絵本の読み聞かせをします。振り返り表を記載し、定期的に性教育委員会幼児部がチェックし、適宜アドバイスを実施しました。

また、児童養護施設に入所している子どもたちの背景はさまざまであり、両親との関わりがない子どももいるため、絵本に「ママ・パパ」などの言葉が出てくる場合には「おとな」と言い換えて読むようにしています。

（四）パペットの作製・実施

日常に即した場面について話をできるようにするため、寮舎内や実際に行く公園の絵を背景として描き、パペットを作り演じました。

たとえば、トイレの背景を使い、トイレ前でオムツに履き替えている子がいるのを無視して、トイレに入っていくのを演じ、どう思うかを聞いていきます。

子どもたちの好きなキャラクターでパペットを作製したこともあり、反応は良好であり、身を乗り出して見ていました。また、叩くなどのわるいタッチをした際には「だめだよ」などと発言をする子どももいました。

（五）個別支援計画の策定

幼児においては、二歳～六歳という年齢の幅があるため、個々の体や知的能力の発達の差が大きくあります。そのため子ども一人ひとりに対する個別支援の重点目標などを

パペットの背景

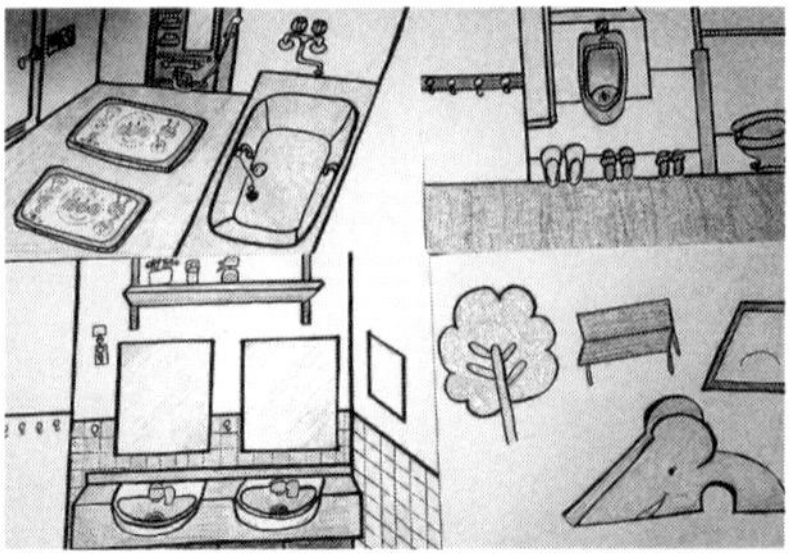

絵本の読み聞かせ　振り返り表

読んだ日	9／2	9／9	9／16	9／23	10／14
読んだ本	いいたっちわるいたっち	いいたっちわるいたっち	いっしょにかんがえよう たいせつなからだのこと		おちんちんのえほん
読んだ人					
子どもの反応（◎・○・△）	◎	◎	◎		◎
大人の感触（◎・○・△）	◎	○	○		○
気づいたこと（子どもからの質問や、対応に困ったところや、その他大人が気づいた点など）	今日は文章を無視して絵だけでよんでいきました。子どもが良いタッチか悪いタッチか答えた時に、職員が「どうして？」と尋ねると、「きもちいいから」「ないてるからわるいたっち」と返ってきちんと返ってきました。Tちゃんも~~参加し考えて~~答えていたのも良かったです。	熱心に聞いてくれてはいましたが、子どもたちが飽きてきている気がしたので、次回は違う絵本でも読んでみたいと思います。年少児が生活の中で「いいたっち、わるいたっち」のワードを使い始め~~ていて~~ました。	質問をするたび、1人1人よく考え答えることが出来ていました。"プライベートゾーン"が出てきますがどこなのか、あやふやな子もいました。また、今回途中で電話が来てしまい後半は集中していませんでした。最後の方にも良い質問がたくさんあるので次回はしっかりできるといいな	読みきかせを始めて2ヵ月たちましたが、どうですか？「新たにこんな本がほしい」「少しあきもみられている」などありませんか？「こういうこともしてみたい」など、何かあれば、	ちょうどトイレに入るときに戸をしめないことを注意したあとだったので、こどもも「そうかあ、かくすんだね」と言っていました。「怖い人もいる」ということが、少しわかった感触でした
コメント	年少児も加われるようになって良かったですね。少しずつ、深いところまで理解してきたかな	ここのところ、連続だったので、たまに違うものもまぜていくといいですね。生活にワードがでてきたのはいい傾向です！！	おしかったねー。また是非よんであげてくださいね。「プライベートゾーン」という言葉がなかなかむずかしいかもしれません。部位がわかっていることが大事なので、そのあたりはどうでしょう？	寮会でまとめて教えてください。	こんなふうに、生活の出来事とつないでいけるのが、とても良いですね！！「怖い人」は守られているのでなかなか実感としてはもてないところがあると思いますが、くり返し伝えて知識だけは入れておきましょう。

幼児寮における性教育個別支援計画書（例）

幼児寮　性教育　個別支援計画

児童名		年齢	5歳4か月	作成者	

作成年月日：　H24年　10月　12日

幼児への性教育	☑ 体のはたらき・感覚 ☑ 体のすばらしさ…着替え等で「見ないで」という。 ☑ やさしく扱う ☑ 体の清潔	□ 出生・出産への興味　どこからきたの?…「どっから赤ちゃん生まれるの？」と聞いたことはあった。 ☑ 性器（排尿器）のちがいへの興味 ☑ 自分とひと（他人）のちがい…胸への	☑ 自己肯定的な育ち（タッチ・ハグ・コミュニケーション） ☑ 安心できる関係－愛情	□ 地域と子ども □ 子どもを守り育てる地域のしくみ □ 性被害の防止（被害を受けたらどうするか）
気になるところ	・担当としては、出生・出産について伝えながら「　ちゃんがとっても大事」ということを伝えたい。→本児の出生については取扱いが難しい。本児の興味や知識を把握することから。 ・身の守り方	重点目標	・本人から出生について問いがあったら、どんなことを知りたいのかなど、詳しく聞いてみる。 ・「大事な体」と伝え、着替え等で「見ないで」といえたらほめる。身の守り方について、具体的な知識を身につけさせる。	

	どのような声かけをしたか	子どもの反応	感想・質問	コメント
取組状況	*例：お風呂の時に、「○○くんの大事な身体だから、一生懸命洗おうね」と清潔について伝えた。*	*「わかった」と一生懸命身体を洗っていた。*	*今日は意識して洗えていた。継続的に声をかけて行きたい。*	
	午後、2人で「子ども110番」のステッカーが貼ってある家を探しに行く。もしも怖い思い、嫌な思いをした時にはステッカーが貼ってない家でも飛び込んで助けを求めることを話す。近くに大人がいれば大声をだし、気づいてもらうことも伝える。	初めは大きな声は恥ずかしいと言っていたが、話を進めると「うん、わかった」という。	「怖い思い」がぴんと来ないようで、具体的に話すが、逆に「1人では歩きたくない」と言い出す。今日は一緒に歩けて楽しいね、くらいで終わってしまった。	「まだ1人で歩くことはないから大丈夫」と伝えてあげるといいですね。まずは「楽しいね」というところでいいと思いますよ。
	2人でコンビニに行った折、おじいさんになれなれしく付きまとわれ、頬を触られそうになった。直後、もし職員がそばにいなかった場合、嫌な感じがしたら、大きな声で「いや！」と言っていいことなど伝えた。	わかったとは言っていた。	大人でも線引きに迷うケースでどこまでは大丈夫で何をされたら身を守る行動に出るのか、説明が難しかった。	本児が「どう思ったか」を聞いてみるとよかったと思います。そのうえで線引きをしてあげるといいですね。また、「もし同じようなことがあったら、どうする？」と作戦をたてるのも1つです。
総括	子ども110番については理解をしている。他職員と歩いているときも見つけてくれた。実際に見知らぬ人に触られそうになったりした時、その線引きには職員も戸惑った。また、別のこととして、朝、男の子の布団に平気で入ったりもあった。「だめでしょ」という声掛けで終わってしまう。→まずは「いい」「だめ」の基本ラインは入れていくべき。線引きについては本児と一緒に考えて伝えていけるといいのでは。 出生については、「生まれる」「お母さん」という概念がない様子。これについては養子縁組を進めることもあるので、慎重にしていく必要がある。今は無理に教えることはないのかも…？			

担当CWとメンバーで話し合いました。生活のなかで実践した取り組みを計画書に記入してもらい、適宜メンバーからコメントやアドバイスを伝えました（次頁表参照）。

（六）学習会

二〇一三年度の学習会は「領域について」をテーマに一回行ないました。実際の幼児寮の見取り図や子どもたちの写真を使った人形を用意し、子どもたちと一緒に日常生活（着替え、入浴時、就寝時など）のなかでの領域について確認をしました。

二〇一四年度の学習会は「プライベートパーツについて」、「身の守り方について」をテーマに二回行ないました。ペープサートを使用し、水着に着替えるときの場所やプライベートパーツについて確認しました。「身の守り方について」は同様のペープサートを利用し、「いいタッチ・わるいタッチ」の復習をして、「わるいタッチをされたときにはどうするのか」ということを皆で確認しました。また、身の守り方として「いかのおすし」を教えました。警視庁の「いかのおすし」については幼児寮内に掲示をしてもらい、外出時などに確認の声がけをしてもらうようお願いしました。

二〇一五年度の学習会は「生まれること」というテーマで、生命の大切さについて取りあつかいました。幼児に対しどのように生命の大切さを教えるかについて検討を重ね、学習会を二回実施しました。一回目ははじめに体の部位（手・口・足）を確認し、臓器（胃・脳・心臓・血管）についてクイズ形式で伝え、「命はみんなの体全部」であること

プライベートパーツ・身の守り方について

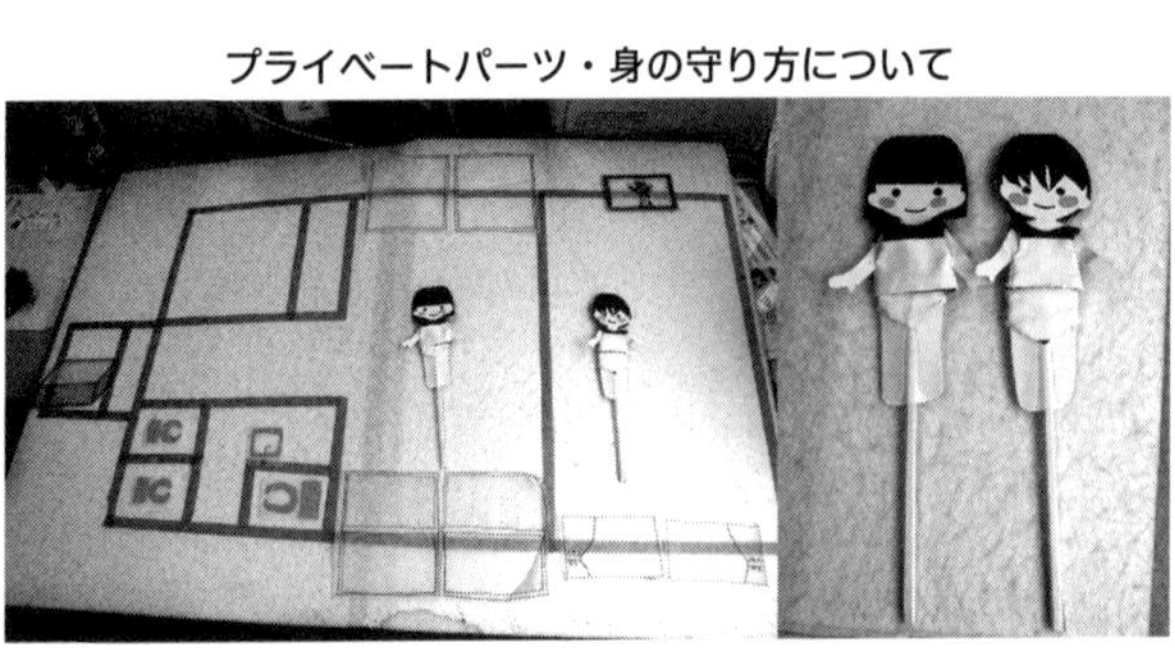

を伝えました。そしてその命を守るためには、手洗いや食事など日々のなかで自分の体を大切にすることが大事であることを伝えます。また、自分だけではなく、他人の命も大切にすることを伝え、いいタッチ・わるいタッチについて話をしました。この学習会の内容をもとに紙芝居「いのちの大切さ」を作製し、学習会の内容を日々の読み聞かせの際に振り返ることができるようにしました。

二回目の学習会では生まれた赤ちゃんとよく似た重さのぬいぐるみを持ったり、受精卵の大きさの紙を見たりしました。また、子宮のなかにいる赤ちゃんの羊水やへその緒の話や、羊水の音を聞きました。最後にぬいぐるみを使って赤ちゃんが狭い道を工夫して通りながら生まれてくる様子について学びました。

二〇一六年度の学習会は紙芝居を使用しました。テレビを見る際やその他での距離のとり方、他人の布団の上にのらない、人の玩具を使わない、トイレに先に人が入っていたら待つ、いいタッチ・わるいタッチなどの約束事について再度振り返りと確認をしました。

取り組みのそれぞれに効果はみられたものの、幼児においてはアタッチメント形成の問題や基本的生活習慣の問題、発達の問題などが複雑に絡まっており、性教育のみを切り離して考えることが難しいという課題はあります。しかし、絵本の読み聞かせの定例化などを含め、職員の意識向上には役立ったものと考えます。また、子どもたちとの共通言語として「いいタッチ・わるいタッチ」などの言葉が定着したことで、声がけがしやすくなり、子どもたちも理解がしやすくなるなどのメリットもありました。

紙芝居「いのちの大切さ」

三、中高生への取り組み

中高生への性教育に関しては、より個別性が大きくなります。そのため、従来は性教育委員会として子どもたちに直接働きかけるのではなく、座談会やミニ学習会といったかたちで性教育に関する知識や実践例を職員に伝えてきました。しかし、参加者の減少や偏りなどの課題もみられるようになりました（第六章参照）。また、中高生への性教育が必要であるとわかっていながらも、きっかけがつかめない、どのような内容でやればいいのかわからないなどの意見が担当ＣＷからあげられ、中高生への性教育実施の難しさが浮き彫りとなりました。

これらを契機に、また性教育の質の担保を目的として、二〇一八年度から中高生への性教育を委員会として実施することになりました。学習会後に生活のなかでフォローや振り返りをして、担当ＣＷが中高生の性教育を行なうきっかけとしました。

◎中学生

思春期に入っていること、男女別にした方が子どもからの発言が得られるだろうと思われることを考慮し、男女別で実施しました。職員も同性のメンバーが担います。年一回、男女同日開催とし、終了後には中高生グループのメンバーで反省会をしています。参加する子どもに合わせて座談会形式にしたり、講義形式にしたりしています。子どもの様子をみながら発言を求めたり、説明だけにしたりしながら進めます。

内容に関して性交をあつかうかどうかを検討し、結論として中学校の学習指導要領で取りあつかわれていないことに準じることとしました。以下、取り組みの具体的な内容について紹介していきます。

(一) 小学生への取り組み内容の振り返り

中学生から入所した子どももいるため、導入として行ないます。清潔（ニキビ・体臭・洗濯など）や第二次性徴による体の変化について確認します。

(二) 多様な性

恋愛の対象が異性とは限らないこと、同性を好きになったり、異性も同性も好きになったりすることがあることを伝えます。そのなかで、自分とは異なるからといって否定したり、勝手に別の人に話したりしてはいけないことを話します。

(三) 生理について／異性を知ろう

女児：生理とのつき合い方について話します。生理前や生理中の心身への影響や鎮痛剤の活用、生理周期を記録することなどについて伝え、個人差が大きいため、自分自身はどういうタイプなのかを知ることが大切であることを確認します。

男児：異性を知るという観点で、女性は生理前・中はホルモンのバランスが崩れるため、身体的にも精神的にも不安定になることを伝えます。また個人差が大きく、日常生活に支障が出たり、不機嫌になったりすることがあることを伝えます。

（四）マスターベーション（男児のみ）

マスターベーションは、悪いことではなく、性的興味や欲求などをうまく自己処理することを教えます。ただし、行う場所や、処理の仕方については他人に迷惑をかけないよう配慮することが必要であることも併せて伝えます。

性的興味や欲求などを不健全なかたち（強引なかたちで性的関わりを迫る、痴漢をするなど）で発散しないためにも大切なことです。

（五）身の守り方

女児に対しては特化して伝えます。繁華街や危険な場所について話したり、駐輪場や駐車場、路上で止まっている車の近く、電柱や自動販売機の陰など、特別な場所ではなく、地域のなかによくある場面も危険がひそんでいることを伝えます。

また、二〇一九年度には「ひったくりに遭ったときにどうするか」「後ろに付いてくる人がいるときにどうするか」「電車内で痴漢に遭ったときにどうするか」の三つの問いについて子どもと話しました。併せて予防策についても話しました。

男児に対しては、男児だから大丈夫ということはなく、かつあげや、男児であってもレイプに遭う可能性があることを伝えます。

(六) アンケート

学習会の最後にアンケートをとりました。アンケートの設問は①体で心配なことはありますか②「マスターベーション（自慰・オナニー）」って何？③「中絶」って何？④「セックス（性行為）」って何？⑤「コンドーム」や「避妊」って何？です。

子どもたちがどのように理解をしているかを確認するために記述式としましたが、恥ずかしさが生じたようで、回答は「知っている」などの簡素な言葉のみであり、どの程度の知識なのか、「知っている」という知識が正しいものなのか判断がつかないものとなりました。

◎高校生

中学生と同様に男女別、同性のメンバーが担うかたちで行ないます。また、年一回、男女同日開催とし、終了後には中高生グループのメンバーで反省会をしています。参加する子どもに合わせて座談会形式にしたり、講義形式にしたりしています。高校生については、正しい知識をもってもらうために性交（膣性交、肛門性交、口腔性交）についても取りあつかっています。以下、取り組みの具体的な内容について紹介していきます。

（一）性知識の提供・確認

アダルトサイトや雑誌などには間違った情報が多いことを伝え、正しい知識をもつことが大切であることを伝えます。

また、ＬＧＢＴ[☆4]については、いろいろな恋愛のかたちがあること、自分と異なる性指向をもった人を否定しないこと、知りえた他人の情報をむやみに拡めないことなどを伝えています。

デートＤＶに関して、身体的な暴力だけでなく、言葉の暴力や人間関係を制限するなども含まれること、女性の被害者だけでなく男性の被害者もいることを伝えています。

（二）生理について／異性を知ろう

女児：生理とのつき合い方について話をします。ホルモンバランスが変わることによる、心身へ与える影響について教えます。また、生理による影響（生理痛やＰＭＳ）は個人差が大きいため、生理周期を把握し、自分がどういったタイプなのかを知ることが大事であると伝えます。

男児：生理前や生理中はホルモンバランスが崩れ、心身ともに不安定になること、個

☆4　ＬＧＢＴとは、Lesbian（女性同性愛者）、Gay（男性同性愛者）、Bisexual（両性愛者）、Transgender（心と身体の性が一致していない状態）の頭文字をとった単語で、セクシュアル・マイノリティ（性的少数者）の総称のひとつ。学習会では二〇二〇年度よりＱ（クエスチョニング：性自認や性的指向が定まっていない人）をつけ加えて伝えている。

人差が大きいことを伝えます。

(三) マスターベーション（男児のみ）

マスターベーションについて、性的興味や欲求などを健全なかたちで処理する方法として大切であることを伝えます。行なう場所や行なったあとの処理方法について、他者への配慮が必要であることを教えます。

(四) 性行為／避妊について

性行為の種類や避妊方法、中絶、性感染症について話をします。

性行為については、性的同意が必要であること、妊娠したり、性感染症に罹ったりする可能性があることを伝えます。

避妊方法については、実際にコンドームを用意して子どもと一緒に開封した回もありました。ほかにもピルや女性用のコンドームがあることなどを伝えています。

中絶については、可能な週数が決まっていること、女性側の心身へのダメージは大きいことを伝えます。また、排卵日を確定することは難しいため、妊娠をしない「安全日」というものはないことを伝えます。

（五）携帯電話、SNS

携帯電話の使い方ではSNSの使い方、JKビジネスやリベンジポルノの危険性について伝えました。

SNSを匿名で使用していたとしても、顔や制服が写っている写真や、写真に位置情報がついていると身元がばれやすくなります。自身の写真を投稿しないようにしていても、友だちが写真を投稿し、そこにタグ[☆5]づけされる場合もあります。アカウントに制限をかけていなければ全世界の人が閲覧可能です。たとえアカウントに制限をかけていても、スクリーンショットを撮られて晒される可能性もあります。そういったことを含めて、絶対の安全はないことを確認します。そのうえでどのような点に気をつけるべきかを話します。

中学生、高校生それぞれの子どもたちの様子として、多少の気恥ずかしさがありながらも、発言があり、しっかり聞いている姿がみられました。

☆5 投稿した写真に写っている人のユーザー名などを貼りつけること。ユーザー名をタップするとそのユーザーの投稿などがみられる。

四．生活の場での性教育につなげていく

子どもへの取り組みでは、各回実施前に入念な事前準備をします。各グループの担当者で集まり、内容を検討し、必要があれば教材を作成したり、購入したりします。

小学生への取り組みでは初回の話し合いの際に、年間スケジュールを考えます。新しく参加する子どもが多いか、文字の読み書きはできるかなどを考慮して、実施内容を考えます。以前は話し合いや教材作製一回分の検討で八時間以上準備に費やしていましたが、近年は過去に作成した教材を再利用することも多くあるため、話し合いの時間は短くなってきました。ワークシートについては基本的に再利用せず、参加する子どもに合った表現や問題数を検討しながら作成します。

話し合いの場はどう伝えるかを考えるだけではなく、メンバーの学びの場ともなっています。たとえば、体毛はなぜ生えるのか、肌着を着る意味や効果、髪の毛を入浴後乾かさないとどんな影響があるかなどについても調べたり話し合ったりする時間となります。こうした場で得た知識や情報を、小ネタとして学習会中に挟むことで、子どもに興味関心を持たせたり、場をつないだりします。

学習会当日は開始時間の一時間以上前から集まり、机のセッティングや子どもの席決め、教材の準備をします。また、司会となったメンバーによる流れの確認、シミュレーションを入念に行なうことが重要となります。

そして学習会の終了後にはチップおよびデールのメンバーで集まり、反省会をします。

小学生は年四回、中高生は年一回の取り組みですが、この学習会をきっかけとし、生活の場での性教育につなげられるようにしていきたいと考えています。そのため、担当CWには振り返りなどのお願いをしています。

コラム4

二〇〇九年度からはじまったチップ&デール。子どもたちはどのように思っているのでしょうか。二〇〇九～二〇一四年度、二〇一七年度、二〇一九年度に子どもたちに書いてもらった感想（抜粋）を学習会開始初期・中期・後期に分けてみていきたいと思います。

初期では初めて学習会に参加した子どもたちが多く、「勉強になった」、「おもしろかった」、「学校で習ったよりわかりやすかった」、「楽しかった」などの言葉が多くみられました。「初めて知ることが多く、難しい」との声もありますが、多くはありません。

中期では、学習会が子どもたちにも浸透してきたころとなります。「六年だから知りすぎてつまんない」という言葉があるように、浸透してきたからこそ、同じ内容では四年生には新しい学びでも六年生にとっては真新しい知識にふれられず、退屈な時間となってしまうことがうかがえます。そのため、どのように子どもたちの興味を引くかということが求められます。そこで、「ボールを投げ込むのがおもしろかった」というようにゲーム様式を取り入れたり、メンバーによる寸劇をしたりします。寸劇は何度か行なわれていますが、〝いつもと違う職員の姿〟が見られるためか、子どもたちはおもしろがっているようです。

後期では学習会も回を重ね、子どもにも定着し、さまざまな手作り教材が揃ってきたころになります。学習テーマも大きくは変わらないため、マンネリ化防止も必要となってきます。そこで、「十月十日《とつきとおか》ということを初めて知った」というように、ちょっとした豆知識などを合間に挟んだりして、六年生も新たな学びのある機会となるようにしています。ただし、枝葉を増やしすぎると、子どもたちが情報過多になり混乱するため、情報量には配慮が必要です。

【初期】 二〇〇九～ 二〇一一年度	チップ	勉強になった・おもしろかった プライベートゾーンのことを初めて知った 体のことをいっぱい知った・楽しかった いいタッチ・わるいタッチがわかってよかった
	デール	むずかった・長くてお腹すいた つまんなかった 楽しいこともあったけどほとんどつまらなかった
【中期】 二〇一二～ 二〇一四年度	チップ	体のことや心のことがよく知れて楽しかった ボールを投げ込むのがおもしろかった（心の変化に関するロールプレイを行ない、共感できた場合にボールを箱に投げた） 劇おもしろい 成長には個人差があることを知ってよかった
	デール	六年だから知りすぎてつまんない・意味がわからない 知っていることが多くてそこまでおもしろくなかった
【後期】 二〇一七・ 二〇一九年度	チップ	十月十日（妊娠期間）ということを初めて知った 赤ちゃんの話が楽しかった 知っていることもいっぱいあったけど知らないことも知れてよかった
	デール	難しかった・あまり答えられなかった

第六章 職員研修

一．全体研修

職員研修は基本的に年二回（一回二時間）、職員会議の時間を利用した施設内研修として実施しています。目的は「職員の意識および技術の向上を目指すこと」です。主な内容はロールプレイ、ケース検討会議、チェックリストを用いたグループワークなどです。ロールプレイは、二〇〇九年度の開始以降毎年行なっています。

二〇〇九～二〇一一年度は性教育委員会内の職員研修部の職員三名で担っていましたが、二〇一二年度より性教育委員会のメンバー全員で研修内容を考えることとなりました（第四章参照）。

◎内容

日常生活のなかで子どもから性に関する質問をされたときや、性教育が必要な場面にあったときなどに、どのように対応したらよいかを学ぶためにロールプレイを行なっています。

(一) ロールプレイ

ロールプレイでは、いくつかの事例をもとに、職員に子ども役と職員役を担ってもらいます。事例は性教育委員会が考えたものを使用しています。基礎的な内容に加え、各寮舎・グループホームの出来事や、社会情勢のなかで話題となっている出来事をもとに、幼児・小学校低学年／高学年・中学生・高校生の各年齢層の事例を作成しています。事例は個別対応だけでなく、複数対応の事例もひとつ入れています。個別対応事例とは、子ども一人に対して職員が一人で対応することです。複数対応事例とは、主に二人の子どもに対してチームや主任などを交えた複数の職員によるチームアプローチをすることです。

事例を作成する際には、対応のポイントも検討します。そのポイントは対応のコツとしてロールプレイ後に解説しています。多くの事例に共通する対応の基本的な姿勢として、次の点を伝えています。また、詳しい内容などは巻末に事例集を添付していますので、そちらを参考にしてください。

基本的な姿勢

①叱らない

②嘘をつかない・ごまかさない

＊年齢や知的発達などによってはそのとき伝えない理由や、伝える時期を可能なかぎり明言する

③子どもに質問されたらチャンスと思い、真剣に話を聞く

④わかるところは丁寧に対応し、わからないところは一緒に勉強する姿勢を大切にする

⑤自身の性のことだけでなく、異性や多様な性についての知識をもっておく

⑥必ずチームで情報を共有し、対応を協議する

⑦必要に応じて、迅速に上司・管理職に報告する

⑧アフターピルや人工妊娠中絶など、スピーディーな対応が必要な場合があることを知っておく

ロールプレイは、個別事例ひとつにつき三分程度としています。また、職員をふたつのグループに分け、部屋も分けてロールプレイを実施することもあります。ふたつのグループに分けるメリットとして、恥ずかしさの減少や一人当たりの演じる回数が増える、

などがあります。ただし、委員会メンバーも分かれ、ロールプレイの解説の精度に違いが生じる可能性もあり、質の担保という点でデメリットが生じることが考えられます。年度ごとにふたつのグループに分けるかどうかを検討したり、職員にアンケートをとるなどして判断をしています。

複数事例は中堅以上の職員が職員役を担うかたちで行なっています。中堅以上の職員が職員役を担う理由は、チームアプローチの手法（職員間の情報共有の仕方や役割分担の仕方など）をみせて伝えるためです。そのため、実施できる職員が限られることとなります。また、チームアプローチをするため、個別のロールプレイより長い時間が必要となります。このことから複数事例は一事例に三十分ほどかけます。ふたつのグループに分かれて実施した場合はそれぞれのグループの終了後に合流し、行ないます。子ども役はメンバーが担い、随所で対応のポイントとなるようなセリフや反応を意図的にします。職員役にはそうした前情報は伝えていないため、ロールプレイ中に得た情報を共有・活用しながら進めていきます。

また、ロールプレイを行なう時期についても年度ごとに検討しています。職員研修は例年六月および十二月に実施されます。六月にロールプレイを実施するメリットは新任職員に年度の初めに知識を伝えられること、夏季休暇前にリスクマネジメントについて考える機会となることなどが挙げられます。十二月に実施するメリットは新任職員が勤務に慣れてくるころであるなどの、気持ちの面で参加のしやすさがあげられます。

(二) ケース検討会議

架空事例や実際に起きた性的問題行動を検討しています。ケース検討を全体ですることで、より多くの気づきや注目ポイントを知ることができます。また、いつ、どの寮舎・グループホームで起きてもおかしくないことに気づくことができ、性についての意識向上を図れます。方法は内容によって異なるので、架空事例の場合と実際に起きたケースの場合のそれぞれについて説明します。

まず架空事例の検討についてです。事例の内容は過去に起きた性的問題行動をもとに作成したり、あり得そうな事例を考えたりします。架空事例の場合は、話し合いの焦点を絞りやすいメリットがあります。そのため参加職員が性的問題行動をより身近なものとして感じられるように事例の提示の仕方や話し合いのテーマを工夫しています

たとえば、下着窃盗の架空事例の検討をした回では、図のように時系列を四つに分けて提示することで、経過に沿って確認できるようにしました。

また、グループホームで複数の子どもによる性器の触り合いが発覚したという架空事例について検討した際には、勤続年数によってグループを分けました。このときには、子どもへの聞き取りの例を挙げ、聞き取りの際のポイントを話し合いました。勤続年数によってグループを分けたことで、意見交換が活発になったり、勤続年数による対応の違いが明確になったりして互いに学び合う機会となりました。

事例の提示方法

事例の提示		グループワーク
①普段の生活の様子	→	❶リスクマネジメント
②児童間の性加害・性被害の発覚	→	❷初期対応
③聞き取り後の様子	→	❸ケースへの対応
④その後の対応	→	❹再発防止への取り組み

次にケース検討会議では、実際に当施設で発生した子ども間の性的問題行動について検証をします。この際の事案は、同性間・異性間を含め、また、施設内外で起きたものになります。性的問題行動が発覚した際には、職員の関心が強いうちに検証するようにしています。「どのようにしたら防げたのか、どのようにしたら早い発覚ができたか」を話し合いの目的とし、そのために「なぜこのタイミングで見つかったのか」について各グループでディスカッションした回もありました。また、発覚した際の初期対応についての全体の場で確認をしたり（巻末資料4参照）、再発防止に向けてどういったことができるかなどについて検討したりしました。過去に起きた事案をもとに行なうケース検討会議を実施する際に注意すべきことは、ケース発生当時の担当職員を責めるような場にしないことです。そのためにケース概要は性教育委員会から説明し、当時の関係職員には質問しないように取り決めをしたこともあります。

（三）チェックリストを用いたグループワーク

二〇〇九年に作成した「性的事故防止のためのチェックリスト」をもとに行ないます。このチェックリストは二〇〇八年度の職員研修でのグループディスカッションをもとに作成しました（第四章参照）。その後、二〇一五年度、二〇一九年度に現状に合ったものを作ることを目的に改訂作業をしています。

いくつかのグループに職員を分け、チェックリストの内容を検討します。そのなかで意図していることが伝わる文章となっているか、そのときどきの社会情勢にあったものが盛り込まれているかなどを確認します。

研修内で出た意見については、その後、性教育委員会内で話し合いを実施し、既存のチェックリストの改訂作業をします。その際、担当CWがグループワーク内で発言した言葉をそのままの文言で盛り込むことで、チェックリストに重みや当事者意識が生まれるようにしています。その後、改訂版として全職員に配布・説明をしています（巻末資料2参照）。

（四）性についての調べ学習

子どもに対して性教育をするためには、職員がさまざまな性に関する知識を身につけることが必要です。知識提供をするだけでなく、職員自らが調べ、学習することも大切であるとして、テーマを設けグループワークをしました。

二〇一三年度のグループワークでは①LGBT、②避妊・妊娠・中絶・出産・性感染症、③第二次性徴～月経～、④第二次性徴～射精～、⑤メディアからの性情報、⑥低年齢化の現状の六つのテーマについて研修の時間内に調べてもらいました。会場内に複数のパソコンを配置したり、スマートフォンの使用を許可したりして調べました。最後にまとめたものを発表し、全体で共有しました。

二〇一八年度のグループワークでは①歴史的な背景を知り性教育がタブー視される前

「子どもにまつわる性についてのGW」テーマ別のまとめ例

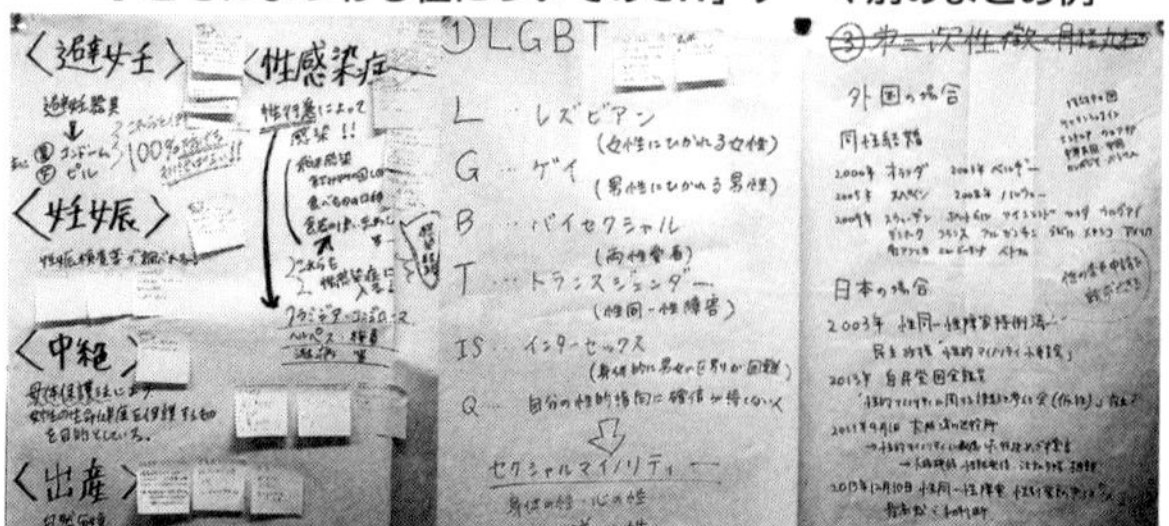

と後の比較、②海外の性教育を知りいまの子どもたちへの支援を考える、③国内の先駆的な取り組みを知り取り入れる、のテーマについて調べてもらいました。

それぞれのグループで調べた結果は模造紙にまとめ、最後に共有する時間を設けています。こうした研修のなかで、小中高校の学習指導要領について伝えたり、国際的な取り組みである「国際セクシュアリティ教育ガイダンス」について触れたりしています。

◎職員の感想

年二回の研修について、職員からはその必要性を感じている声が多く聞こえてきます。ロールプレイについては他職員に囲まれて行なうのは恥ずかしい・緊張するとの意見もありますが、他職員の対応方法をみることができるため勉強になるとの意見も多くあります。

調べ学習については、新たな知識を得ることができた、勉強になったなどの意見がみられました。一方で時間の制約などの理由により、性教育員会がグループ分けおよびそのグループで調べるテーマ設定をしているため、別のテーマがよかったなどの意見もみられました。

二．ミニ学習会・座談会・進行管理

◎ミニ学習会

年二回の職員研修とは別に、平日午前中の一〜二時間を利用し、職員の知識向上のために実施しました。しかし、参加人数の減少などにより、二〇一二年度以降は座談会のなかに知識提供も組み込むかたちで実践されることとなりました。二〇〇九年度〜二〇一一年度の実施内容は表のとおりです。

参加職員が興味をもって取り組めるよう、実際に販売されているアダルト雑誌や性的描写のある漫画、生理用品、避妊具などを用意し、子どもであっても比較的手に入れやすいことを伝えました。また、ＳＮＳや携帯電話の危険性、インターネット上で使われている隠語などについても伝えています。

◎座談会

二〇一〇年度より、中高生に対するアプローチのための知識提供の場として開始されました。中高生に対する性教育は個人差が大きいことから、担当職員が主に担うこととし、性教育委員会はより実践的な知識を提供したりアドバイスをしたりしました。

ミニ学習会　開催日・テーマ一覧

年度	日付	内容
2009年度	9/4	中高生への性教育について・座談会
	10/5	思春期の心と体
	12/17	異性の性的発達・興味について知る
	2/6	座談会（テーマフリー）
2010年度	10/14	子どもを取り巻く性情報について
	2/18	性教育の各種教材について
2011年度	9/13	子どもを取り巻く性情報について
	12/13	第二次性徴における心と体の変化について

内容は大きく分けて、①中高生の性的興味とその対応、②性教育をする側（職員）の羞恥心や価値観、③性教育を実施するまでの関係づくりの三点について多く話されました。

①については、日常的な実践例を互いに話し合うことで、寮舎・グループホーム間での情報共有をすることができました。②については、職員側の知識や価値観が異なるため、それをすり合わせていくことの重要性について話し合いました。性への興味を押さえつけるのではなく、子どもと共有できるような工夫も大切であるというアドバイスもみられました。③については、特に性の話がしにくい子や性的興味があまりみられない子に対して、どのようなアプローチをしていくべきかという悩みがみられました。性についての話は大人であっても話しにくいところがあるため、子どももおそらく話しにくいと思われること、そのため日常の些細なことをたくさん話せるような関係性をまずベースとしてつくることが大切であることを話し合いました。

二〇一〇年度は初年度ということもあり、年八回行ないましたが、翌年度は年四回の実施となっています。二〇一二年度以降は参加者の減少を踏まえて、一回の参加者を増やすために年間の開催回数を減らしたり、ミニ学習会を組み込むかたちでテーマを設けて知識提供をしたりしました。二〇一二〜二〇一六年度は年三回の実施となっています。

たとえば、二〇一三年度の座談会では「児童養護施設における性教育の必要性」、「高校生のきわどいバイトについて〜その危険性〜」、「職員と子どもの意識の差、認識の違いについて」をテーマとして設けました。参加者は平均して五〜六人ほどで盛況とはいえませんが、活発な意見交換がされ充実した座談会となりました。二〇一四年度は「中高生を取り巻く性の現状」、「異性のことをもっと知ろう」、「中高生の性的関心・興味を知ろう」をテーマとして設けました。スマートフォンの普及、中高生の携帯所持率の増加などから、中高生が晒される性情報の種類やその方法にも以前とは異なってきている面があります。そういった最新の情報を職員も入手しておくことが、子どもへの対応には有効となるため、そのような知識を提供する場としても活用されていました。

そうしたなかでも、参加者の減少・偏りが続き、二〇一七年度には座談会に代わるものとして、外部講師を呼ぶことを検討しましたが、至りませんでした。

二〇一八年度、性教育委員会内で再度座談会についての検討をしました。座談会は前述のとおり中高生に対する性教育の補助として実施していました。そのため、座談会を実施しないとなると、別のかたちでの補助が必要となります。そこではじまったのが、後述の「実施状況の進行管理」と「中高生に向けた性教育委員会からの学習会」（第五章参照）です。

◎実施状況の進行管理

性教育の進行管理のため、二〇一七年度より実施状況の確認をしています。各寮舎・グループホーム内で担当ＣＷが生活のなかでどのような性教育を行なったのかを月ごとに記入し、半年ごとに性教育委員会（性教育実施状況管理・標準化推進部）でまとめています。幼児を除いた全体の実施状況を把握するために小学生以上の子どもを対象としています。日常のなかでの雑談も含めて記入するように担当ＣＷにお願いしています。

翌年度の初めに、前年度一年間の実施状況のまとめを性教育委員会のメンバーに配布しています。まとめでは年代別（小学校低学年、小学校高学年、中学生、高校生）に分けてどのようなテーマ、内容で実施しているのかを示しています。メンバーは各寮舎・グループホームから参加しているため、その表をもとに、各寮舎・グループホームでの性教育を振り返り、また、内容で悩んでいる場合は例として参照できるようになっています（巻末資料６参照）。

小学校低学年の子どもへの実施内容は、体の洗い方や歯磨きの仕方などの清潔に関することや、距離感や洋服の着方（肌着を身につけるなど）などの領域に関することや学習会（チップ）の振り返りなどがメインとなっています。高学年の子どもへの内容では、同じく清潔がテーマであっても、下着の取りあつかい方についてなど、発達に沿って多少の変化があります。また、ちょうど第二次性徴を迎えるため、生理や自慰行為について、また体毛やその除毛についてなどが多くなります。性的興味についても増え、恋愛について話したり、性的描写のある漫画などについて話したりしています。

中学生では、ニキビや洗顔方法、体臭などの清潔に関することが出てきます。特にニキビについては洗顔料を使った方法や、ひどい場合は通院するなどの方法を伝えています。ほかには異性職員への身体接触や他児の部屋に入るなどの領域に関すること、性行為やＬＧＢＴ、交際についてなどの性的興味に関すること、性的描写のあるドラマなどを見る際の他児への配慮などについて話します。また、女児に対しては生理周期の確認や、生理痛なども含めた生理とのつき合い方について繰り返し伝えています。

高校生への実施内容では中学生までの内容に加えて、痴漢などの性犯罪からの身の守り方や、性産業、性感染症などについて話します。また、デートＤＶや妊娠・避妊・中絶、飲酒のリスクなどの交際について、ＳＮＳやアダルトサイトやアダルト動画などのスマートフォンの使用方法についてなどの話をしています。

小学生から中学生、高校生と年齢が上がるに連れて、実施回数自体は減少傾向にあります。中高生ともなると、日々の生活のなかで将来のことや、学校・アルバイト・友人関係など、ほかに話さないといけないことが出てきたり、職員との関係性のなかで難しくなったり、タイミングがつかみにくかったりすることなどが重なり、実施が難しくなってくる面があります。

三．性教育定着のために

性教育の必要性を理解し、生活のなかで担当ＣＷが性教育を担えるようになることを目的として、職員に対してさまざまな取り組みをしてきました。研修などの取り組みを通し、性教育委員会の定着とともに、性教育に対する意識も担当ＣＷのなかに根づいてきたように思います。

性教育の実施には、内容やタイミング、子どもとの関係性などのさまざまな要因が絡まっています。実施回数が多ければよいというわけでもありません。内容や情報の正確性も重要になります。また、子どもの年齢や発達に合わせた伝え方を考えていくためには、まず職員が理解している必要があります。もちろん、内容によっては子どもと一緒に調べることもありますが、職員の学びというのは必須となります。

現在、性教育の内容に関して、年齢ごとに分けた標準的な内容の試案を作成中です。今後の活用については検討が必要になりますが、「何をしたらいいかわからない」という状況が少なくなるとよいと考えています。

コラム 5

ＳＮＳ（social networking service）とはInstagram、Twitter、Facebook、ＬＩＮＥなどの、インターネットを介して社会的な繋がりを提供するもので、近年特に発達しています。若年層の多くは使いはじめるとサクッと使いこなし、コミュニケーション手段のひとつとして学校の友人をはじめ、知らない人とも気軽にやりとりをします。ここではＳＮＳで使われる言葉や機能を紹介していきます。

ＤＭ（ダイレクトメッセージ）、鍵垢、裏垢、タグ付け、アンケート、ハッシュタグ、写真・動画投稿、いいね、ＲＴ（リツイート）、リプライ、ＴＬ（タイムライン）、ＦＦ外、リムる、ミュート、ブロック、バズる、炎上、オープンチャット、オフ会、リベンジポルノ、なりすまし、ストーリー、……など

これらの言葉で知っているものはどのくらいありましたか？　実際にＳＮＳを使っている方には馴染みのある言葉だと思いますが、使っていない方には何のことかまったくわからない言葉もあると思います。

ここではこのうちのいくつかを紹介したいと思います。

ＤＭ：誰にも見られずにアプリの利用者間でやりとりができます。メールと同じようなものですが、相手のことを知らなくてもメッセージを送ることができます。自身がフォローしていない人からのメッセージは受け取らないなどの制限をかけることもできます。

裏垢（サブ垢）：Twitter等で友人に公開しているアカウントとは別のアカウントのことを指し、使い分けている子もいます。趣味等のために使うことももちろんありますが、パパ活や性的な画像・動画のやりとりなどの発信として使われることもあります。

リムる：英語のremove（削除、取り外す）が語源といわれています。要はフォローを解除するということになります。また、「リムられた」は解除されたということになります。

オープンチャット：LINEの機能で、共通の趣味の人たちとのチャットができます。自身のIDが知られることなく、匿名で参加できます。出会い目的などは運営上禁止されていますが、それをすり抜けようとするユーザーがいないわけではありません。

いかがでしょうか。機能としてはますます便利になっていきますが、リスクのあるやりとりを隠れて行ないやすくもなっています。匿名だから、顔は映してないから、などはなんの安心材料にもなりません。警察庁の発表[★1]によれば、二〇一九年のＳＮＳに起因する事犯の被害児童数は二〇八二人で、前年より二七一人増えています。

しかし、ネット上での出会いがすべて悪、というわけでもありません。共通の趣味仲間としてネット上で出会い、実際に親密になることも増えてきています。どんな危険性があるのかを子どもと一緒に話せること、子どもたちが使っているＳＮＳの世界はどんなものかを知ることが職員として大事なことであると思います。

★1　警察庁生活安全局少年課「令和元年における少年非行、児童虐待及び子供の性被害の状況（訂正版）」、二〇二〇年
https://www.npa.go.jp/publications/statistics/safetylife/syonen.html

おわりに

やっと「おわりに」にたどり着いた……とほっとする思いでいます。二〇一八年に文書化部が再創設され、より多くの人に私たちの活動をお伝えしていくことを目指して、本書を作成してきました。その過程は、私たち自身の活動を振り返る機会でもあり、あらためて性・性教育について考えさせられる機会でもありました。

「性」とはなんとも不思議なものです。ある側面は神秘的で感動的だと語られ、ある側面は不潔で隠すべきものとして語られます。自分の価値を決めるひとつの基準になったり、誰かと親密になるためのツールになったりもします。ときに人を支配する暴力として利用され、耐えがたいほどの傷を負わせることもあります。いろいろな顔を持つ「性」とどうやってつき合っていくか、それを考えていくのが性教育なのかもしれません。性教育は大人から子どもに知識や価値観を教えることだけではありません。大人同士で学び合い、語り合うことも性教育です。私個人の体験になりますが、妊娠・出産を経験した際に初めて教えてもらったことがたくさんありました。大人になってもなお、性教育は続いていくのです。そんなふうに、大人同士、大人と子ども同士が互いに学び合い、語り合い、皆で「性」について考えていく機会が、本書をきっかけに拡がってくれればと期待しています。

性教育委員会を組織として認め、位置づけてくださった、東京家庭学校松田雄年施設長をはじめとする東京家庭学校全職員に感謝を申し上げます。子どもたちの「生」と「性」に向き合いながら、日々性教育を実践している担当職員に敬意を表しつつ、これからもともに実践を積み重ねていけることを期待しております。そして、性教育委員会のメンバーと、これまで性教育委員会に所属してくれた職員の皆様にも感謝申し上げます。数時間におよぶ話し合いや学習会の教材準備など、決して楽な委員会活動ではありませんが、その一つひとつの積み重ねが東京家庭学校の性教育を牽引してきました。そして、性教育委員会を作ろうと最初に呼びかけてくれた、初代会長。初代会長が灯した小さな火種が、十二年間も途絶えずに大きな灯りとなっています。「性加害も性被害も起こしたくない」「繰り返したくない」という初代会長をはじめとする初期メンバーの思いが、これからも受け継がれていくことを願っています。

そして、東京家庭学校に在籍している子どもたち、在籍していた子どもたちへ。すべての原動力は、目の前にいる子どもたちとの日々の関わりでした。それぞれの子どもたちの施設に来るまでの日々と、施設を出た後の日々を思うと、性教育がどれほど役に立つのだろうかと思わずにはいられません。それでも、いつか、なにかのときに、少しでも、役に立ってくれたらと願っています。

最後になりますが、私たちの実践報告に興味をもっていただき、本書の出版のきっかけを作っていただいた、かもがわ出版編集部編集長の吉田茂さん、出版にあたり多くのサポートをいただいた、編集部の天野みかさんに感謝を申し上げます。「子どもたちの性と生」というテーマの重要性に共感していただき、このようなかたちで共に社会に発信できましたことを大変うれしく思っています。天野さんをはじめとするかもがわ出版の皆さまのお力がなければ、ここまでたどり着くことはできませんでした。本当にありがとうございました。

二〇二一年二月二六日

東京家庭学校 性教育委員会 文書化部

リーダー　林 奈穂子

◉参考文献一覧

第一章

浅井春夫「性教育の使命とは何か―30年の歩みを通しての私の決意」、「季刊セクシュアリティ」五一、二〇一一年、五八―六九頁

池谷壽夫「セクシュアル・ライツとは何か―リプロダクティブ・ライツからセクシュアル・ライツへ」、「教育学研究室紀要：「教育とジェンダー」研究」十一、二〇一四年、二―十九頁

楠本久美子・江原悦子・岡田潔「米国の性意識、性行動および性教育の動向と我が国の課題」、「四天王寺国際仏教大学紀要」、二〇〇五年、一五七―一六二頁

SIECUS ed. Guidelines for Comprehensive Sexuality Education 3RD EDITION, 2004.

田代美江子「東アジアにおける性教育の制度的基盤―韓国・台湾・中国と日本―」、「現代性教育研究ジャーナル」三六、二〇一四年、一―六頁

西岡笑子「わが国の性教育の歴史的変遷とリプロダクティブヘルス／ライツ」、「日本衛生学雑誌」七三（二）、二〇一八年、一七八―一八四頁

橋本紀子・池谷壽夫・田代美江子『教科書にみる世界の性教育』、二〇一八年、かもがわ出版

森脇裕美子「欧州におけるセクシュアリティ教育充実への取り組み」、「現代性教育研究ジャーナル」十五、二〇一二年、一―七頁

鈴木佳代「アメリカの性教育プログラム―その社会的背景と分析―」、「教育福祉研究」八、二〇〇二年、九五―一〇五頁

仲川裕里「韓国における学校性教育の現状と課題」、「国立民族学博物館調査報告」八五、二〇〇九年、一三五–一五四頁

第二章

一般社団法人〝人間と性〟教育研究協議会ホームページ
https://www.seikyokyo.org/index.html（参照：2020/4/15）

大山則昭・利部徳子・熊谷暁子・伊藤晴通・佐藤一成・小泉ひろみ・高橋義博・平野秀人「中学生と高校生に対する性教育講座への取り組みについて─秋田県医師会性教育プロジェクト委員会の活動─」、「秋田県医師会雑誌」六六（二）、二〇一六年、七六–八三頁

金崎満『検証　七生養護学校事件─性教育攻撃と教員大量処分の真実』、二〇〇五年、群青社

北川薫ほか『高等学校改訂版保健体育』、二〇一七年、第一学習社

田代美江子「東アジアにおける性教育の制度的基盤─韓国・台湾・中国と日本─」、「現代性教育研究ジャーナル」三六、二〇一四年、一–六頁

東京都教育委員会「性教育の手引」、二〇一九年
https://www.kyoiku.metro.tokyo.lg.jp/school/content/files/about/text_kiso.pdf（参照：2020/08/21）

内閣府『令和元年度　青少年のインターネット利用環境実態調査　調査結果（速報）』、二〇二〇年
https://www8.cao.go.jp/youth/kankyou/internet_torikumi/tyousa/r01/net-jittai/pdf/sokuhou.pdf（参照：2020/08/21）

中川聡子「都教委：足立区の性教育容認『保護者理解は必要』」、毎日新聞朝刊東京版、二〇一八年九月十二日

新村出編『広辞苑　第七版』、二〇一八年、岩波書店
林雄亮『青少年の性行動はどう変わってきたか―全国調査にみる40年間―』、二〇一八年、ミネルヴァ書房
財団法人母子衛生研究会『教えて！聞きたい！　中学生のためのラブ&ボディBOOK　男の子のからだと心　女の子のからだと心』、二〇〇〇年、財団法人母子衛生研究会
「性教育でなぜセックスを教えなくなったのか」、サンデー毎日、二〇一〇年六月六日、一三〇―一三二頁

第三章

石澤方英・小木曽宏・徳地昭男・杉浦ひとみほか「児童福祉施設における性教育プログラム確立と性的問題に対する職員の対応マニュアル作成に向けた実態調査」、「明治安田こころの健康財団（編）研究助成論文集」四七、二〇一一年、一三五―一四三頁
遠藤洋二・篠原拓弥・永田政之・糸満英子・砂川忠寛「児童養護施設における〝児童間性暴力対応プロトコル（多機関連携モデル）〟策定に関する研究」、「司法福祉学研究」十七、二〇一七年、八九―九三頁
小木曽宏「児童養護施設・児童自立支援に入所する児童の現状と支援施策の課題」、「季刊社会保障研究」四五（四）、二〇一〇年、三九六―四〇六頁
厚生労働省「平成30年度における被措置児童等虐待届出等制度の実施状況」
https://www.mhlw.go.jp/content/000605213.pdf（参照：2020/06/29）
榊原文・藤原映久「児童養護施設入所児童の性問題行動について―児童養護施設職員へのフォーカス・グループインタビューを通じて」、「子どもの虐待とネグレクト」十二（三）、二〇一〇年、三八六―三九七頁
高橋重宏・澁谷昌史・才村純・庄司順一ほか「児童養護施設における権利擁護の実態に関する研究（その1）―児童養護施設における子ども同士の権利侵害に関する意識調査―」、「日本子ども家庭総合研究所紀要」四一、二〇〇四年、十五―二五頁

高橋重宏・澁谷昌史・才村純・庄司順一ほか「児童養護施設における権利擁護の実態に関する研究（その２）—児童養護施設における子ども同士の権利侵害事例対応指針策定のためのインタビュー調査—」、「日本子ども家庭総合研究所紀要」四一、二〇〇四年、七—十四頁

滝川一廣・平田美音・玉井邦夫・坂口繁治ほか「情緒障害児短期治療施設における性的問題への対応に関する研究（第２報）」、「子どもの虹情報研修センター　平成二三年度研究報告書」、二〇一三年

坪井裕子・柴田一匡・米澤由実子・三後美紀「児童養護施設における性的問題に対する体制と取り組みについて」、「人間と環境」七、二〇一六年、二一—二九頁

藤岡淳子『性暴力の理解と治療教育』、二〇〇六年、誠信書房

藤原映久・榊原文「子どもの性行動の理解と対応に関する児童養護施設職員向け研修プログラムの開発と実施」、「島根県立大学短期大学部松江キャンパス研究紀要」五三、二〇一五年、一四七—一五四頁

前田信一・市川太郎「児童養護施設における「不適切な関わり」に関する再発防止策検討委員会実践報告」、「子ども教育宝仙大学紀要」四、二〇一三年、九七—一〇七頁

山根隆宏・中植満美子「性的問題行動のある児童養護施設入所児童への集団心理療法の効果」、「心理臨床学研究」三一（四）、二〇一三年、六五一—六六二頁

米澤由実子・窪田由紀「児童福祉施設入所児の性的問題とその支援に関する研究展望」、「名古屋大学大学院教育発達科学研究科紀要」六三、二〇一六年、一〇三—一〇九頁

第四章

ＮＨＫスペシャル 驚異の小宇宙 人体 Vol.1「生命誕生」、ＮＨＫエンタープライズ、二〇〇三年（ＤＶＤ）

第六章

UNESCO, ed. *International technical guidance on sexuality education: an evidence-informed approach for schools, teachers and health educators*, 2009. 浅井春夫・艮香織・田代美江子・渡辺大輔（訳）『国際セクシュアリティ教育ガイダンス』、二〇一七年、明石書店

資料：ロールプレイ事例集

浅井春夫『子どもの性的発達論入門：性教育の課題にチャレンジする試論10章』、二〇〇五年、十月舎

厚生労働省「オンライン診療の適切な実施に関する指針」、二〇一九年
https://www.mhlw.go.jp/content/000534254.pdf（参照：2020/06/26）

料6　全取り組み一覧

	2007	2008	2009	2010	2011	2012	2013
出来事	発足			・部会制導入		・部会制（職員研修は全員）	・文書化部創設
全体研修		・ケース検討① ・ケース検討② ・ケース検討③ ・外部講師による講義	・講義「性教育・チェックリストについて」 ・ロールプレイ ・外部講師による講義	・架空事例によるケース検討 ・ロールプレイ ・外部講師による講義	・ケース検討会 ・ロールプレイ	・架空事例によるケース検討会 ・ロールプレイ	・ロールプレイ ・性についての調べ学習
ミニ学習会			・中高生への性教育 ・思春期の心と体 ・異性について知る ・座談会	・子どもを取りまく性情報 ・性教育の各種教材について	・子どもを取りまく性情報 ・第二次性徴における心と体の変化について	座談会のなかで知識提供を行うことになり、ミニ学習会は終了。	
座談会				8回	4回	3回	3回
幼児			絵本の選定と作成	紙芝居の作成	タペストリー作成	・絵本の読み聞かせ ・個別支援計画	・絵本の読み聞かせ ・学習会：領域について
小学生低学年（チップ）		・身の守り方 ・生命の誕生	・プライベートパーツ／領域／いいタッチわるいタッチ ・体の名称 ・プライベートゾーン／身の守り方	・清潔 ・身の守り方 ・プライベートゾーン／領域 ・いいタッチわるいタッチ／１年間の復習	・妊娠／出産／乳幼児期の発達（合同） ・体の名称と清潔 ・プライベートゾーン／領域 ・いいタッチわるいタッチ／１年間の復習	・体の名称／清潔 ・プライベートゾーン／領域 ・距離／いいタッチわるいタッチ ・１年間のまとめ	・体の名称／清潔 ・プライベートゾーン／いいタッチわるいタッチ ・身の守り方 ・１年間のまとめ
小学生高学年（デール）		・身の守り方 ・受精／着床 ・胎児の成長・誕生	・身の守り方／プライベートパーツ／いいタッチわるいタッチ ・第二次性徴 ・月経／射精	・体を知ろう（外側） ・体を知ろう（内側） ・体の変化（外・内・ホルモン・心） ・体の変化の復習と対処	・妊娠／出産／乳幼児期の発達（合同） ・妊娠から６歳までの発達 ・小１～小６までの発達 ・月経／射精／自分と相手を大切にすること	・心身の成長 ・第二次性徴（体・心の変化） ・月経／射精 ・妊娠／出産	・心と体の成長 ・第二次性徴 ・月経／射精 ・妊娠／出産
中学生							
高校生							

中高生の性教育は担当CWが担い、性教育委員会は座談会において知識提供・助言・アドバイスを実施。

資料編

資料1　初年度ケース検討会議資料　1. 性的事故を起こさせないための寮舎のルール

自己領域・他者領域に関するルール

《他者との距離に関するルール》
・男女の距離について
・(TVを見るとき、肩が触れないようにするなど)
・人との距離をとる
・みんながいるところで寝転がらない
・人の布団の上にはのらない

《身体接触に関するルール》
・人の体に触らない
・自分の体に触れさせない
・他人同士がくっつかない
・年上の子が年下の子の髪を結うなどの行為に気をつける（どちらか一方が無理にさせていないか、年上の子の勝手にされていないかなど）

《部屋の使い方に関するルール》
・ドアを開けて遊ぶ
・子ども同士の部屋の行き来はなし（行くときは大人に声をかける）
・同性・小学生であれば部屋の出入りは OK
異性・中学生以上はダメ
・友だちが来ても個室には入れない
・1 階と 2 階の行き来はなし

《物の貸し借りに関するルール》
・人のおもちゃに触ってはいけない
・おもちゃの貸し借りをしない
・物の貸し借りの際は大人に確認する
・貸し借り禁止だが、ゲームは OK

《入浴時に関するルール》
・入浴は必ず一人で入る
・風呂をのぞかない

《トイレの使い方に関するルール》
・洗面所・トイレに一緒に入らない
・トイレスペースのドアを閉める or 閉めない
・トイレを男女別にする（1 階と 2 階）
・異性でトイレスペースに入らない
・トイレをのぞかない

性的な刺激の少ない環境をつくるためのルール

《遊びに関するルール》
・外出時（屋上含む）のチェック（男女が一緒のとき）
・ホーム内でのかくれんぼ禁止

《身だしなみに関するルール》
・服の選び方（買い物の時から注意する）
・風呂あがりにはパジャマの上に何か羽織る
・スカートを履くときはスパッツを履く
・生理用品の使い方・始末の仕方を教える

《洗濯物に関するルール》
・女児の下着は隠して干す
・下着だけ乾燥機を使うという工夫もある

《言葉遣いに関するルール》
・体に関することを言わない（チビ・デブなど）

《部屋割りなどについて》
・席順の決め方に配慮する（子どもにも説明する）
・部屋割りの決め方に配慮する

《ルールに関し、大人が意識すること》
・禁止事項よりも肯定的なルールをつくる
・なぜそのルールがあるか、子どもに説明する
・子どもが個々で過ごす時間を多く持つようにする
・領域を侵さないようにと定期的に話をして意識づけをする

☆そのほかに考えられること☆
人の物を触らない／暴力・威圧的行動や態度に関するルールが必要か考える／小さな子をいたわる雰囲気をつくる／職員が個室に入るか入らないかを検討する（緊急時は入る）／露出の多い服や透けやすい色について気をつける／衣類の整理や片づけ方に配慮する（たたんだ洗濯物を置いておくとき下着は見えないようにする、新品の下着をストックしておくところなど）／金銭に関するルール（小遣いの管理や、外泊時にもらったお金の管理などをどうしているのか）を確認する

資料1　初年度ケース検討会議資料　2. 物理的死角　（当時の東京家庭学校の場合）

寮舎内の死角

・風呂場
・トイレ（トイレの造りの問題含む）
・押入れ
・個室
・キッチンのカウンターの下
・キッチンの狭いところ
・職員ロッカーのあたり

《家具による死角》
・職員の机の裏・隙間
・机の下
・ふすまの裏側
・棚の陰
・カーテンの陰
・個室のなかの家具配置
（子どもが室内を見られたくないために棚をドア側に寄せたり）

《建物の構造による死角》
・空き部屋（鍵がかかっていないと入ってしまう）
・個室の隣同士（柵がつながっている）
・個室の隣同士（部屋の仕切りが薄い、可動式など）
・ベランダ（個室同士の行き来ができてしまう）
・中庭はベランダ側に入ると見えない
・調理場前の廊下

寮舎外の死角

・屋上
・非常階段
・外階段
・4階の洗濯場

《大人の位置によって生まれる死角》
・キッチンに立つと居間が背後になる
・奥まったところに気をつける
（職員の立ち位置によって視点が変わる）
・職員がホールにいるときの廊下
・職員が1階で寝かしつけをしていると、2階が死角になる（その逆も）

《死角を生まないための工夫》
・子どもがどこにいるかを把握する
・押入れには荷物を入れておく
・ミラーをつける
・聞き耳を立てている

☆そのほかに考えられること☆

駐輪場／幼児玄関／施設外（学校・公園など）
〈その物自体に問題はないが、影響すると思われるもの〉
ソファー（自己領域が狭まる）／カーペット（領域がない）／布団（布団をくっつけると、他児との距離が縮まってしまう）

資料1　初年度ケース検討会議資料　3. 時間的死角

日常生活の中の死角

・寝かしつけ時
・入浴時間
・引継ぎ時間
・職員の入浴中、睡眠中
・子どもの対応中
（特に個室など、他児のいないところで対応しなければならないとき）
・大人が寮舎を離れるとき（事務所、調理場など）
・電話応対中
・調理中
・土日の掃除中

《朝》
・着替え（ふすまを閉めること、異性の職員は入れない）
・朝から登園までの時間
（職員・子どもともにバタバタしている）

《職員の目が少し離れる時》
・職員のトイレ中
・来客応対中
・玄関の掃き掃除

《パターン化した時間帯》
・食材を調理場に取りに行くとき
・ゴミ出し時
・食事の配膳・返却時
（時間が決まっていること）
・大人の目が届かない時間帯
（子どもの方がよくわかっている）
・規則正しくパターン化してしまうことで、子どもがパターンを読んでしまう

《外出時》
・子どもの遊び時間
・職員との個別の外出時に、トイレに行かせたり、1人で待たせたり、2人で待たせたりする時間

☆その他に考えられること☆

外泊、外出中に性的な情報や刺激を受ける可能性

資料１　初年度ケース検討会議資料　4. 子ども同士の関係・職員と子どもとの関係

子ども同士の関係

子どもがもつ要因

《恋愛関係》
・入所児同士の恋愛関係
・思春期の男女（身近な人に興味をもちやすい）
・子ども同士にも好き嫌いがある

《類似性》
・年齢の近さ
・生い立ちが似ていること
・趣味が似ているため、距離が近くなる
・性格や考え方が似ている
・みんな寂しさを抱えているからくっつきやすい

《上下関係》
・知的な能力の差
・支配的な関係
・口でうまく丸め込む
・操作性がある

《物を通じた関係》
・物を通じた関係（あげたりもらったり）
・DS を持っていない子に対し、何かあると「もう貸さない！」と言う
・物でつる

《そのほか》
・ふだん仲が悪いのにくっつくときがある
・兄弟での入浴（兄弟の距離・関係性の問題）

環境要因

《遊び》
・プロレスごっこをさせない
・お医者さんごっこをして遊んでいる（ホールでは人形を使っているが、死角ではお互いの身体を使ってやってしまう）

《子ども間の情報》
・友だちが出会い系サイトを使っている
・「○○が好きだ」ということを子ども同士で話し、それに影響されたりする

職員と子どもとの関係

起きやすくする要因

《職員の隙》
・子どもが職員にこびをうる、それに乗せられる
・大人の認識・感覚の差（引き継ぎしても関係の死角ができ、そこを子どもはついてくる）

《子どもとの距離》
・距離のとり方
・職員と子どもとの境界を保つ（職員の個人情報や恋人の有無などのプライベートな話を伝えないなど）
・高学年の子や異性の子との身体接触

防ぐために必要なこと

《信頼関係》
・子どもの居場所になってあげられるような関係
・子どもが困ったときに助けてあげられること
・子どもの寂しさを補ってあげられるような関係
・子どもが話そうと思える関係
・安心感のある人間であること
・話しやすい雰囲気づくりに努める
・深い話をいきなりするなど、子どもを脅かさないように気をつける
・「内緒にして」と言うことは、本人に伝わらないよう気をつけて引き継ぎをする

《アセスメント》
・加害児になりやすい子との関係が大事
・個々の問題を把握

・何かありそうなとき、大人が踏み込んで話をする
・施設で暮らしている子どもたちの感覚を職員としてわかっているのかどうか

☆そのほかに考えられること☆

寮舎の状態や雰囲気（新入所、職員の交代、荒れている子がいるとき）に注意する
〈防ぐために必要なこと〉
子どもと向き合う時間や環境をつくる、つくれることを子どもに伝える／職員のコミュニケーション技術（話しやすい雰囲気をつくったり、子どものごまかしを見つけたり）／職員配置と子どもの構成を考える

資料１　初年度ケース検討会議資料　5. 子どものサイン

子どもの変化

《身体症状》
・身体症状（腹痛、頭痛）
・夜泣き
・血尿
・爪噛み、髪を触るなどの癖の頻発
・潔癖
・夜尿

《生活習慣の乱れ》
・できていたことができなくなる
・大人が側にいないとできないことが多くなる
・食の変化（拒食・過食）

《そのほかの行動》
・他児に対する極端な距離のとり方
・落ち着きのない態度
・感情の起伏が激しくなる
・ボーっとしている（心ここにあらず）
・話さなくなる
・トイレが長い
・こそこそする
・押入れに入っている

《性化行動 *1》
・自慰行為の回数が増える
・自慰行為をする場所を選ばなくなる
・性被害の再現
・異性への拒否感
・下半身にこだわる行動（パンツを脱がすなど）
・性的な事柄に過敏に反応する
・性的な発言
・身体接触（違和感のある）
・人との距離が取りにくくなる
・年齢にそぐわない性の知識

《遊びの変化》
・人形遊びなどで服を脱がすことに終始する
・人形を重ね合わせる
・ごっこ遊びでの再現

《加害者側の変化》
・被害児や他児に対する威圧的な態度
・大人と話す時間が減るなど、大人と距離をとる

・シャツを裏返しに着ているなど、着衣の乱れ（行為の直後）

《外からの情報》
・学校での様子
・他児からの情報

☆そのほかに考えられること☆

自傷行為／急激な性器および性への関心／年齢に不相応な性器に関する詳しい知識／学業低下／自分の被害体験を友だちのこととして語る／頻繁だった性化行動や過剰な身体接触が急に消失した／睡眠に関する問題（不眠、睡眠が浅くなるなど）／特定の子どもを避ける

*1 性化行動（sexualized behavior）
性的虐待を受けた子どもが年齢不相応な性的関心や性的行為を示すこと

資料1　初年度ケース検討会議資料　6. 職員に求められるもの

科学的知識の習得

《職員の知識の向上》
・子どもの心と身体の発達についての知識をもつ
・職員が正しい性知識を身につける
・子どものサインが性被害によるものかを見極める　そのために性被害による子どものサインを知る

《性教育》
・子どもに対する性教育（トイレ、入浴の仕方を教えるところから）
・知識を子どもにわかりやすく伝える

日常的なケアのなかで気をつけること

《職員の意識の改善》
・子どもに教わる部分もある
・職員も変化し、子どもと一緒に成長する
・わからないことをわかるよう、努力する
・職員の言動に気をつける
・養護に関する共通意識をもつ
・感覚をみがく
・職員同士の感覚の違いに気がつく　→統一する or しない
・職員が子どもの見本になれるように
・子どもを信じてあげる気持ち

《技術》
・子どもたちの欲求を解消するための方法や手段を多くもつ
・子どもの思いをキャッチできる力
・話を引き出す技術

《長期的視点》
・長期入所が考えられる子の場合、思春期を想定し、小さいころから生活習慣を身につけさせる

《気づくこと》
・死角に気づく
・子どもの変化に気づく（そのためにはふだんの様子をよく知る）
・子どものサインに気づく
・寮舎内の物の配置を把握する（少しでも変わったときに気づけるように）
・子どもの性的知識・興味を把握する

《子どもとの関わりのなかで気をつけること》
・誰がどこにいて何をしているのか把握する
・変化に気づいたら、話し合う（考えすぎて悪いことはない）
・子どもの話を聞く雰囲気づくり（忙しくしすぎていると、子どもから話せない）
・部屋のなかを常に綺麗にしておく　→自己領域の感覚を育てることで、自分の身体を大切にできるように。
・子どもが性的刺激を出さない、受けないように配慮（露出の多い服、下着、生理用品など）

《対応時》
・危機的状況に対応する勇気をもつ
・一歩踏み込む勇気
・子どもを怒るだけではなく、その責任を大人が感じる

職員個人が気をつけるべきこと

《職員自身・職員間の状況》
・心にゆとりをもつ
・チームワーク
・情報の共有
・自分の身だしなみに気をつける
・養護施設の職員であるという意識

《職員の身だしなみについて気になること》
・男女ともに露出の多い服装（タンクトップ、胸が大きく開いた服）
・T シャツの丈
・股上の浅いジーンズ
・ダメージジーンズ・穴あき
・T シャツのデザイン（子どもにとって害があるもの）
・アクセサリー、マニキュアなど装飾品
・化粧（するしないではなく、TPO にあわせる）
・TPO にあわせた服装

☆そのほかに考えられること☆

子どもをアセスメントする力（入所時に性虐の可能性がないかどうか、性加害・被害に遭うリスクがどれだけあるかなど）

資料 2　チェックリスト第 1 版～第 3 版　《第 1 版》性的事故防止のためのチェックリスト（解説付）

2009 年 6 月 2 日　性教育委員会

☐ 1　TV を見るとき肩が触れないようにするなど、子ども同士の距離がとれているか。

☐ 2　みんながいるところで寝転がらない。

☐ 3　子ども同士が部屋で遊ぶときは、扉を開けて遊ばせているか。

☐ 4　子ども同士の部屋の行き来の際、子どもの行動や様子を把握できているか。

☐ 5　同性であっても、子どもたちだけで入浴させていないか。

☐ 6　体に触らない・触らせない（いいタッチわるいタッチ）ことを伝えているか。

☐ 7　子ども同士の物のやり取りを職員が把握できているか。

☐ 8　職員が個室に入ることについて、子どもとの間で合意があるか（緊急時には入ることも伝える）。

例：女児の部屋は基本的に女性職員が入るなどの決まりをつくり、それを子どもも了解しているか。

☐ 9　洗面所・トイレスペースの使い方について説明しているか。

☐ 10　外出時、誰とどこに遊びに行くのかを確認しているか（男女が一緒か？ 年齢差は？）。

☐ 11　下着は隠して干すなどの工夫がなされているか（たたむときも見えないようにする）。

たたむとき→たたんだものを置いておくときに、下着は下のほうにしたり、服の間に挟むなどの工夫。

☐ 12　食卓の座席の配置や部屋割について、配慮をしているか。

☐ 13　服を買うときに、選び方について注意をしているか（露出の多さ、透けやすい素材・色、形）。

形＝体のラインが出にくいもの　パジャマも同様に配慮する。

☐ 14　服装の組み合わせに注意し、声かけをしているか（スカートの下にはスパッツを履くなど）。

☐ 15　職員の下着・肌着を干していないか。

☐ 16　寮舎内の死角について、把握しているか。

○風呂場　○トイレ　○押入れ（物を入れて入れないようにする工夫など）

○机の下や棚の隙間　○個室　○ベランダ　○1 階と 2 階（ホーム）

〈そのほか自分の寮舎内の死角〉

○　○　○

○　○　○

○　○　○

☐ 17　寮舎外の死角について、把握しているか。

○　○　○

○　○　○

例：4 階屋上やホームの場合は庭など

☐ 18　ソファやカーペット、布団をくっつけて敷くなどのリスクを理解しているか。

子ども間の距離が近づく可能性がある

☐ 19　時間的死角について、把握しているか。

○寝かしつけ時　○職員が寮舎を離れる時間　○引き継ぎ時間　○調理中・食事中

○職員の入浴中、睡眠中

○　○　○

先に食事が終わった子どもたちが、自室に入ると、食卓にいる職員からは死角になる。

☐ 20　着替えの時間帯の危険性について意識し、なんらかの工夫がなされているか。

朝の着替えの時間帯に実際に事故が起きている。1 人ずつ着替えさせる、こまめに声をかけるなど、寮舎・ホームの状況に合わせた工夫を考えて。

☐ 21　子どもがどこにいるかを常に把握しているか。

☐ 22　生い立ち、趣味、性格や考え方が似ていることで、距離が近くなりやすいことを認識しているか。

☐ 23　支配的関係に気がついているか（知的能力の差、操作性、言葉の暴力、物を介しての関係）。

☐ 24　身体的接触を伴う遊びのリスクの高さについて認識しているか（プロレス、お医者さんごっこなど）。

☐ 25　子どもが話しやすい雰囲気づくりに努めているか。

☐ 26　子どもとの信頼関係を築く努力をしているか。

○子どもの嬉しいこと、悲しいこと、さびしいことなど、些細な出来事にも耳を傾けているか。

○子どもと向き合う時間や環境をつくれているか。

○子どもの話を引き出したり、深めたりするような話し方・聞き方ができているか。

☐ 27　子どもが「内緒にして」ということに対して、どう対応するかを職員間で共有できているか。

子どもにわからないように職員間で引き継ぐ場合もあるし、「それは大事なことだから、ほかの職員にも伝えるよ」と子どもに言う必要がある場合もある。どちらにせよ、職員間での共有は必要。

☐ 28　子どもの身体的サインに気がつくことができるか。

○陰部の痛み・かゆみ・傷　○身体症状（腹痛、頭痛など）　○血尿　○夜尿

○不自然なおりものなど、下着の汚れ　○自傷

☐ 29　性的被害を受けた後に特徴的な行動について気づくことができるか（寮舎内とは限らない）。

○できていたことができなくなるなど、生活習慣の変化（退行も含む）。

○大人の側を離れたがらない　○食の変化（拒食・過食・偏食）　○夜泣き

○睡眠の変化（不眠、眠りが浅くなる）　○他児に対する距離のとり方が変わる

○感情の起伏が激しくなる　○ボーっとしている　○話さなくなる　○入浴を嫌がる

○自分の被害体験を友だちのこととして語る　○特定の場所に行きたがらない

○落ち着きのない態度　○学業低下　○頻繁だった性化行動や身体接触が急に消失する

○性的ニュアンスのある遊び（人形の服を脱がせる、重ね合わせる、ごっこ遊びでの再現）

○爪噛み・髪を触るなどの癖の頻発　○潔癖（強迫的）

寮舎内での言動に職員が気づくだけでなく、他児からの情報、学校からの情報なども含め、気づくことができるか。被害にあった子どもは自分は汚れていると思い、強迫的に体を洗ったり、手を洗ったりといったことが起きることもある。

☐ 30　加害児側の変化に気づくことができるか。
（被害児・他児に対する威圧的な態度・職員との関わりの減少など）

☐ 31　性化行動についての知識があるか。

○自慰行為（回数が増える、場所を選ばなくなる）　○性被害の再現

○性的な事柄に過敏に反応する　○性的な言動が増える　○違和感のある身体接触

○年齢にそぐわない性的な知識　○急激な性器および性への関心

☐ 32　職員が子どもの心と体の発達についての知識をもっているか。

☐ 33　職員が性・生に関する知識をもっているか。

○月経・射精　○性交　○妊娠・出産　○避妊・中絶　○性感染症

○胎児の成長　○第二次性徴　○養護施設内での性的事故について

○多様な性・性的指向（性同一性障害、性分化疾患、同性愛など）

○生理用品の管理や使い方、始末の仕方

☐ 34　性的虐待とその影響について知っているか。

☐ 35　子どもの性的知識・興味を把握しているか。

☐ 36　子どもの変化や言動について、職員間で共有することができているか。

☐ 37　忙しいときや余裕がないときこそ、子どもの訴えやサインに気づこうとする意識をもっているか。

☐ 38　職員が自分の身だしなみに気をつかっているか。

○　○　○

○　○　○

○　○　○

☐ 39　なぜしてはいけないのか、なぜそうするのか、といったことを子どもにわかりやすく説明できるか。

資料２　チェックリスト第１版〜第３版　《第２版》性的事故防止のためのチェックリスト（改訂版・解説付）

2009年6月2日 作成／2015年7月4日 改訂　東京家庭学校 性教育委員会

□ 1　カーペットに座るときやTVを見るとき、肩が触れないようにするなど、子ども同士の距離がとれているか。

□ 2　他児がいる共有スペースでは寝転がらない。

□ 3　子ども同士が部屋で遊ぶときは、扉を開けて遊ばせ、行動や様子を把握できているか。

□ 4　施設内において、子どもがどこにいるか常に把握しているか。

□ 5　外出時、誰とどこに遊びに行くのかを確認しているか（男女が一緒か？年齢差は？）。

□ 6　同性・異性に関わらず、子どもたちだけで入浴させていないか。

□ 7　『体を見ない・見せない・触らない・触らせない（いいタッチわるいタッチ）』を伝えているか。

□ 8　身の守り方や緊急時の対応について、具体的に子どもに伝えているか。

□ 9　子ども間の物のやり取りを職員が把握できているか。

□ 10　職員が子ども部屋に入ることについて、子どもとの間で合意があるか（緊急時には入ることも伝える）。

例：女児の部屋は基本的に女性職員が入るなどの決まりをつくり、それを子どもも了解しているか。

□ 11　洗面所・トイレスペースの使い方について説明しているか。

□ 12　下着は、他児の目に触れないよう隠して干す・たたむなどの工夫がなされているか。

たたむとき→たたんだものを置いておくときに、下着は下のほうにしたり、服の間に挟むなどの工夫。

□ 13　食卓の座席の配置や部屋割、入浴の順序について、配慮をしているか。

□ 14　衣類の購入時、選び方について注意をしているか（露出の多さ、透けやすい素材・色、形）。

形＝体のラインが出にくいもの　パジャマも同様に配慮する。

□ 15　服装の組み合わせに注意し、声かけをしているか（スカートの下にはスパッツを履くなど）。

□ 16　職員の下着・肌着を干していないか。

□ 17　寮舎・ホーム内の死角について、把握しているか。

○風呂場・脱衣所　○トイレ　○押入れ（物を入れて入れないようにする工夫など）

○机の下や棚の隙間　○個室　○ベランダ　○1階と2階（ホーム）　○キッチン

〈その他自分の寮舎内の死角〉

○　○　○

○　○　○

□ 18　寮舎・ホーム外の死角について、把握しているか。

○　○　○

○　○　○

例：4階屋上やホームの場合は庭など

□ 19　布団をくっつけて敷く、毛布に一緒にくるまる、ベッドの上で遊ぶなどのリスクを理解しているか。

子ども間の距離が近づく可能性がある

□ 20　時間的死角について、把握しているか。

○寝かしつけ時　○職員が寮舎を離れる時間　○引き継ぎ時間

○調理中・食事中　○職員の入浴中、睡眠中

○　○　○

先に食事が終わった子どもたちが、自室に入ると、食卓にいる職員からは死角になる。

□ 21　着替えの時間帯のリスクについて意識し、何らかの工夫がなされているか。

朝の着替えの時間帯に実際に事故が起きている。1人ずつ着替えさせる、こまめに声をかけるなど、
寮舎・ホームの状況に合わせた工夫を考えて。

□ 22　生い立ち、趣味、性格や考え方が似ていることで、距離が近くなりやすいことを認識しているか。

□ 23　支配的関係の要素に気がついているか（知的能力の差、操作性、言葉の暴力、物を介しての関係）。

□ 24　身体的接触を伴う遊びのリスクの高さを認識しているか（プロレス、お医者さんごっこ、かくれんぼうなど）。

□ 25　子どもが話しやすい雰囲気づくりに努めているか。

□ 26　子どもとの信頼関係を築くように努めているか。
○子どもの嬉しいこと、悲しいこと、さびしいこと、不満など、些細な出来事にも耳を傾けているか。
○子どもと向き合う時間や環境を設けているか。
○子どもの話を引き出したり、深めたりするような話し方・聞き方ができているか。

□ 27　子どもが「内緒にして」ということに対して、どう対応するかを職員間で共有できているか。
子どもにわからないように職員間で引き継ぐ場合もあるし、「それは大事なことだから、ほかの職員にも伝えるよ」と子どもに言う必要がある場合もある。どちらにせよ、職員間での共有は必要。

□ 28　子どもの身体的サインに気がつくことができるか。
○陰部の痛み・かゆみ・傷　○身体症状（腹痛、頭痛など）　○血尿　○夜尿
○不自然なおりものなど、下着の汚れ　○自傷

□ 29　性的被害を受けた後に特徴的な行動について気づくことができるか（寮舎・ホーム内とは限らない）。
○できていたことができなくなるなど、生活習慣の変化（退行も含む）。
○大人の側を離れたがらない　○食の変化（拒食・過食・偏食）　○夜泣き
○睡眠の変化（不眠、眠りが浅くなる）　○他児に対する距離の取り方が変わる
○感情の起伏が激しくなる　○ボーっとしている　○話さなくなる　○入浴を嫌がる
○自分の被害体験を友だちのこととして語る　○特定の場所に行きたがらない
○落ち着きのない態度　○学力低下　○頻繁だった性化行動や身体接触が急に消失する
○性的ニュアンスのある遊び（人形の服を脱がせる、重ね合わせる、ごっこ遊びでの再現）
○爪かみ・髪を触るなどの癖の頻発　○潔癖（強迫的）　○身なりの変化（化粧、服装、髪型など）
寮舎・ホーム内での言動に職員が気づくだけでなく、他児からの情報、学校からの情報なども含め、気づくことができるか。被害にあった子どもは自分は汚れていると思い、強迫的に体を洗ったり、手を洗ったりといったことが起きることもある。

□ 30　加害児側の変化に気づくことができるか。
○被害児・他児に対する威圧的な態度　○被害児・他児に対して過度にやさしくなる
○職員との関わりの減少　○職員・他児の動向を気にする　○会話の内容の変化

□ 31　職員が性化行動についての知識があるか。
○自慰行為（回数が増える、場所を選ばなくなる）　○性被害の再現　○性的な言動
○性的な事柄に過敏に反応する　○違和感のある身体接触　○服装の変化（露出、華美になるなど）
○年齢にそぐわない性的な知識・行動　○急激な性器および性への関心

□ 32　職員が子どもの心と体の発達（定型発達）についての知識をもっているか。

□ 33　職員が性・生に関する知識をもっているか。
○月経・射精　○性交　○妊娠・出産・乳幼児期の育児　○避妊・中絶　○性感染症
○胎児の成長　○第二次性徴　○児童養護施設内での性的事故について
○多様な性（性同一性障害、性分化疾患など）・性的指向（同性愛など）
○生理用品の管理や使い方、始末の仕方　○マスターベーションの始末の仕方

□ 34　性的虐待とその影響について知っているか。

□ 35　携帯電話やインターネットを利用する際の危険について、子どもに伝えているか。

□ 36　子どもの交友関係（学校・アルバイト・SNS も含め）を把握しているか。

□ 37　子どもの性的知識・興味を把握しているか。
○漫画　○アニメ　○雑誌　○TV ドラマ　○ゲーム
○性具　○インターネット（動画・画像・サイトなど）

□ 38　上記の興味や性的発言について、個々人の年齢や特性、その場の状況（場所・時間など）を考慮し、必要に応じた制限を設けているか。

□ 39　子どもの変化や言動について、職員間で共有することができているか。

☐ 40　些細なことでも職員同士で共有しやすい雰囲気があるか。

☐ 41　施設外（学校、地域、外泊時、アルバイト先など）からの情報把握に努めているか。

☐ 42　忙しいときや余裕がないときこそ、子どもの訴えやサインに気づこうとする意識をもっているか。

☐ 43　職員が自身の性的指向や性に対する羞恥心・嫌悪感の程度について、客観視できているか。

職員自身が性に対して開放的であったり、羞恥心や嫌悪感が強いがために、子どもに対しての性教育が偏らないように。

☐ 44　職員が自分の身だしなみに気をつかっているか。

○　○　○

○　○　○

☐ 45　職員自身の言動・雰囲気が、個人または寮舎・ホーム内の関係性（支配関係や距離の近さなど）に影響を与えることを意識できているか。

☐ 46　職員自身のプライベートな経験を子どもに伝える際、その内容をチーム内で共有せずに開示していないか。

☐ 47　「ルールだから」ではなく、その理由を子どもにわかりやすく説明できるか。

資料2　チェックリスト第1版〜第3版　《第3版》性的事故防止のためのチェックリスト

【距離・領域】

- □ 他児がいる共有スペースでは寝転がらない。
- □ 同性・異性に関わらず、子どもたちだけで入浴させていないか。
- □ トイレスペースに複数の子どもを入れていないか。複数の洗面所使用時のリスクを理解しているか。
- □ 生い立ち、趣味、性格や考え方が似ていることで、距離が近くなりやすいことを認識しているか。
- □ 他者間の関係性に基づく、適切な距離感を説明しているか。テレビ鑑賞中・身体的接触を伴う遊びなど。
- □ 布団をくっつけて敷く、毛布に一緒にくるまる、ベッドの上で遊ぶなどのリスクを理解しているか。

【死角】

- □ 子ども同士が部屋で遊ぶときは、扉を開けて遊ばせ、行動や様子を把握できているか。
- □ 施設内（行事中も含む）において、子どもがどこにいるか常に把握しているか。
- □ 寮舎・ホーム内外の死角について、ユニット内で話し合って・共有しているか。
  ○風呂場・脱衣所　○トイレ　○押入れ　○机の下や棚の隙間　○個室　○ベランダ
  ○1階と2階（ホーム）　○キッチン　○　　　　○　　　　○
- □ 時間的死角について、ユニット内で話し合って・共有しているか。
  ○寝かしつけ時　○職員が寮舎を離れる時間　○引き継ぎ時間
  ○調理中・食事中　○職員の入浴中、睡眠中
  ○　　　　○　　　　○
- □ 着替えの時間帯のリスクについて意識し、何らかの工夫がなされているか。
- □ 業務のルーティン化をあえて崩すことの必要性を知っているか。

【子どもの状況把握・理解】

- □ 外出時、誰とどこに遊びに行くのかを確認しているか（男女が一緒か？ 年齢差は？）。
- □ 食卓の座席の配置や部屋割、入浴の順序について、考慮をしているか。
- □ 支配的関係の要素に気がついているか（知的能力の差、操作性、言葉の暴力、物・金銭を介しての関係）。
- □ 子どもの交友関係（学校・アルバイト・SNSも含め）を把握し、共有しているか。
- □ 子どもの性的知識・興味を一定程度把握し、共有しているか。
  ○書籍　○TV番組　○ゲーム　○性具　○インターネット・アプリ（動画・画像・サイトなど）

【子どもに伝える知識】

- □ 『体を見せない・触らせない・見ない・触らない（いいタッチ・わるいタッチ、みさみさ）』を伝えているか。
- □ 身の守り方や緊急時の対応について（いかのおすし）、具体的に子どもに伝えているか。
- □ 衣類の購入・着衣時に注意をしているか（露出の多さ、透けやすい素材・色・形、スカートの下にはスパッツを履くなど）。
- □ 携帯電話やインターネット・SNSを利用する際の危険について、子どもに伝えているか。
- □ 性的欲求の適切な処理方法（マスターベーション・抑制手段）。
- □ 他者への身体的接触には、同意を得る（対職員はケースバイケース、対子どもは必須）。
- □ どのような行為が性犯罪（痴漢・盗撮・ストーカー・下着泥棒）に至るのかを伝えているか。

社会福祉法人東京家庭学校　児童養護施設東京家庭学校　性教育委員会
2009年6月2日作成　2015年7月4日改訂　2020年1月28日改訂

【職員が身につける知識】

- □ 子どもの身体的サインに気がつくことができるか。
  ○陰部の痛み・かゆみ・傷　○身体症状（腹痛、頭痛、夜尿など）
  ○不自然なおりものなど、下着の汚れ　○自傷
- □ 性的被害・虐待を受けた後に特徴的な行動について気づくことができるか（寮舎・ホーム内とは限らない）。
  ○できていたことができなくなるなど、生活習慣の変化（食の変化、睡眠、身だしなみ）。
  ○行動の変化（大人の側を離れたがらない・他児に対する距離のとり方が変わる・落ち着きのない態度、特定の場所に行きたがらない、頻繁だった性化行動や身体接触が急に消失する）。
  ○精神的な変化（夜泣き、感情の起伏が激しくなる、ボーッとしている、塞ぎこむ、爪噛み・髪を触るなどの癖の増加、脅迫的な潔癖）。
  ○自分の被害体験を友だちのこととして語る。
  ○性的ニュアンスのある遊び（人形の服を脱がせる、重ね合わせる、ごっこ遊びでの再現）。
- □ 加害児側の変化に気づくことができるか。
  ○被害児・他児に対する威圧的な態度　○被害児・他児に対して過度にやさしくなる
  ○職員とのかかわりの減少　○職員・他児の動向を気にする　○会話の内容の変化
- □ 職員が性化行動についての知識があるか。
  ○自慰行為（回数が増える、場所を選ばなくなる）　○性被害の再現　○性的な言動
  ○性的な事柄に過敏に反応する　○違和感のある身体接触　○服装の変化（露出、華美になるなど）
  ○年齢にそぐわない性的な知識・行動　○急激な性器および性への関心
- □ 職員が性・生に関する知識をもっているか。
  ○月経・射精　○性交　○乳幼児期の心と体の発達（定型発達）　○避妊・中絶　○性感染症
  ○胎児の成長　○第二次性徴　○児童養護施設内での性的事故について　○多様な性（LGBTなど）
  ○妊娠・出産　○生理用品の管理や使い方、始末の仕方　○マスターベーションの始末の仕方
- □ ライフヒストリーワークを実施すると、子どもが性・生に関する興味が沸く傾向があることを知っているか。
  ＊子どもの家族や出自、これまでの歴史を振り返る作業のことで、「生い立ちの整理」などともいわれている。

【職員の自己認知】

- □ 忙しいときや余裕がないときこそ、子どもの訴えやサインに気づこうとする意識をもっているか。
- □ 職員が自身の性的指向や性に対する羞恥心・嫌悪感の程度について、客観視できているか。
- □ 子どもの特徴的な言動が日常化して、麻痺をしていないか。
- □ 職員の慢心から性的トラブルは起きていないだろうと思い込んでいないか。

【職員自身が配慮すべき点】

- □ 下着は、他児の目に触れないよう隠して干す・たたむなどの工夫がなされているか。
- □ 職員の下着・肌着を干していないか。過度な露出がある洋服を使用していないか。
- □ （発達）年齢にそぐわないテレビ番組を見ていないか。
- □ 同性異性問わずに、職員自身が各々の子どもとの適切な距離感を意識しているか。
- □ 不正確な性知識（コウノトリ・キャベツ畑）を伝えていないか。

【職員のチームワーク】

- □ 子どもの変化や言動（内緒にしてと話したことも含む）について、職員間で共有することができているか。
- □ 職員自身の一定程度の性に関する共通認識ができているか。

資料 3　進行管理　2019 年度　性教育　年代別実施内容

<table>
<tr><td rowspan="2">小学校低学年</td><td>《領域》
・トイレや入浴時、着替えの際などにドアや鍵を閉めることを伝える
・人前でプライベートパーツを触ったことについて
・体を大切にすることについて
・気を引くために服を脱いだ件
・距離のとり方を伝える
・実習生の膝に乗ることについて
・いいタッチわるいタッチについて
・スカートの履き方（下にスパッツを履くなど）</td><td colspan="2">《チップの振り返り》
・体の名称
・いいタッチわるいタッチ
・プライベートパーツ・ゾーン
・距離のとり方
・身の守り方
・「みさみさ」の確認
＊みさみさ＝プライベートパーツ・ゾーンを「見ない」「触らない」「見せない」「触らせない」の頭文字をとったもの。チップで習います。</td></tr>
<tr><td>《体について》
・一緒に入浴するなかで体の洗い方や名称を伝える
・体の成長の共有
・体毛について</td><td colspan="2">《性的興味》
・性的発言（クリトリス・勃起・キンタマ・ブリケツ）について</td></tr>
<tr><td rowspan="2">小学校高学年</td><td>《領域》
・下半身露出
・命の大切さ
・他児の下着を触る
・他児の部屋に入る
・距離のとり方
・他児のズボンをおろす
・女性職員の下着を触った件について</td><td colspan="2">《体の成長》
・体の仕組み（筋肉）
・勃起について
・毛の処理、剃刀の扱い
・プライベートゾーンの発達
・体の変化・発達について
・生理用品の準備
・経血量
・生理時のプール
・初潮について
・生理周期の把握</td></tr>
<tr><td>《性的興味》《異性との関わり》
・性的言動、性的発言（マスターベーション）
・出産について
・ラブホテルとは
・洋画のベッドシーン
・両想いの相手について
・異性の友だちと遊ぶときの約束と確認
・男女交際について</td><td>《清潔》
・おりもの
・洗髪方法
・体の洗い方
・下着の洗い方
・下着の取りあつかい</td><td>《デールの振り返り》
・第二次性徴
（心と体の変化）
・月経・射精
・妊娠・出産
・母子手帳を一緒に見る</td></tr>
</table>

<table>
<tr><td rowspan="2">中学生</td><td>《領域》《清潔》
・距離感
・異性・同性との関係性
・異性職員が泊まりのときの洗濯物のあつかいについて
・痴漢について
・髭剃りの使い方
・身だしなみ
・洗濯物の干し方
・下着について
・下着の洗い方（おりもの）</td><td colspan="2">《体の成長》
・勃起について
・除毛について
・発達について
・生理周期把握
・生理用品について
・経血量とシーツなどの汚れについて
・ナプキンの取りあつかい方（購入・管理）
・サニタリーボックスの使い方</td></tr>
<tr><td>《性的興味・理解》
・下ネタ発言について
・思春期の心と体の成長について
・LGBT について
・チップ&デールの確認
・精子について
・マスターベーションについて
・マスターベーションの処理について</td><td colspan="2">《交際》《自身について》
・異性との関わり
・好きな異性について
・異性とのつき合い方
・恋について
・自分を大切にする
・母子手帳を一緒に見る</td></tr>
<tr><td rowspan="2">高校生以上</td><td>《領域》《交際》
・知らない人に声をかけられたときの対処方法について
・元彼女について
・彼女とのつき合い方について
・異性と出かける際の注意
・性的同意について</td><td colspan="2">《性への理解・興味》
・性行為について
・LGBT について
・コンドームについて
・ガールズバーについて
・感染症について
・性産業と繁華街の危険性
・自立後の生活</td></tr>
<tr><td>《清潔》《生理について》
・洗顔料の使用
・洗体チェック
・洗髪について
・生理周期把握
・生理とのつき合い方
・体調の変化
・寝具に経血がついたときの対処法</td><td>《携帯電話》
・アダルトサイトについて
・SNS で知り合った人たちと会う際のリスクマネジメント
・SNS のリスクについて</td><td>《高校生会振り返り》
・高校生会実施内容について</td></tr>
</table>

資料 4 初期対応フローチャート **施設内における性的被害・加害・性的言動を発見、また疑われる際の対応例**

2014 年 12 月 18 日　性教育委員会

《寮舎・グループホームなどにおいて、職員が性的被害・加害・性的言動を目撃した場合。また他児からの目撃情報があり、確実であると断言できる場合。》

・被害者と加害者（被害者と加害者に分類できなかった場合も含む）を物理的に離す。
・抵抗を示した場合には、他職員の応援を頼む。別部屋を用意する（同寮舎内の部屋に限定しない）。性被害・加害の際には、被害者側が「ここであれば、加害者が現れない」と感じることができる環境を提供することが重要である。寮舎から離れた場所を提供したり、常に職員が付き添うなどの工夫。

↓

・引き離した後は、子どもを部屋で放置せずに、職員が付き添う。子どもから、吐露があった場合には、現時点では「そうなんだ」程度に留める。
・まずは、聞き取りを寮舎・グループホーム職員で進めることを控える。

↓

・即、施設長・主席指導員・統括主任・主任などに報告をする。不在・休日であっても、緊急であることを認識し、連絡をとる。指示を仰ぐ。担当職員間の共有を図る。
・対応への指示を出せる職員が、居る状態（到着しだい）で、対応方法を構築していく。

《寮舎・グループホームなどにおいて、職員が性的被害・加害・性的言動が疑わしいと感じた場合。また他児からの目撃情報から疑わしいと判断した場合。》

・寮舎内の職員で、情報共有を図る。ただ、性的トラブルに関わらず、「**子ども間で、何かが起きている可能性がある**」という認識を念頭におく。「**思いすごしだろう**」という認識は、発見の遅れに繋がる。

↓

・施設長・主席指導員・統括主任・主任などに報告をする。状況によっては、不在・休日であっても連絡をとり、指示を仰ぐ。

《参考》

児童福祉法【34 条 1 項 6 号】…「児童をして自分自身と淫行させる行為」つまり「児童と淫行する行為」「児童に淫行をさせる行為」の禁止。

児童福祉法【33 条 16】…児童福祉施設職員が、被措置児童等への性交、性的暴行、性的行為の強要・教唆を行うなど「性器や性交を見せる」「ポルノグラフィーの被写体などを強要する又はポルノグラフィー等を見せる。　＊性的虐待のみ抜粋

強姦罪刑法【177 条】…相手方が 13 歳未満の女子の場合は、脅迫・暴行がなく、または同意があったとしても強姦罪を構成する。

児童虐待の防止等に関する法律（児童虐待防止法）【2 条】…18 歳に満たないものを児童とし、保護者が行う以下の行為を「児童虐待」と定義している。
1. 身体への暴行　2. 児童へのわいせつ行為と、わいせつ行為をさせること。＊性的虐待のみ抜粋

東京都（東京都青少年の健全な育成に関する条例）【第 18 条の 6】…青少年と「何人も、青少年とみだらな性交又は性交類似行為を行つてはならない。」が規制対象である。＊「婚約中の青少年又はこれに準ずる真摯な交際関係にある場合は含まない」としているが、不明確であるという批判がある。

資料５　ロールプレイ事例集

【対応の基本的な姿勢】

①叱らない
②嘘をつかない・ごまかさない
＊年齢や知的発達などによってはそのとき伝えない理由や伝える時期を可能なかぎり明言する
③子どもに質問されたらチャンスと思い、真剣に話を聞く
④わかるところは丁寧に対応し、
わからないところは一緒に勉強する姿勢を大切にする
⑤自身の性のことだけでなく、異性や多様な性についての知識をもっておく
⑥必ずチームで情報を共有し、対応を協議する
⑦必要に応じて、迅速に上司・管理職に報告する
⑧アフターピルや人工妊娠中絶など、スピーディーな対応が必要な場合があることを知っておく

【幼児編】

Q　４歳の女の子が「赤ちゃんはどうやってできるの？」と聞いてきました。あなたならどう答えますか？

キーワード　**妊娠、赤ちゃん**

「コウノトリが運んできたんだよ」「橋の下から拾ってきたんだよ」というようなごまかしをするのはやめましょう。まずはどうして知りたいと思ったのか、どんなことが知りたいのかを確認します。その後、科学的な知識を伝えます。あまり詳しく伝えても、理解ができずに誤った知識になってしまうこともあるため、できるだけ平易な言葉で簡潔に伝えるのがよいと思われます。男の人と女の人に赤ちゃんのもとがあって、それが合わさって赤ちゃんができること、女の人のお腹のなかで10ヵ月育ってから生まれてくることなどを伝えます。このときに絵本などを利用すると、より理解がしやすくなると思います。赤ちゃんのもとを運ぶ方法などについて聞かれた場合は、その点は「もう少し大きくなったらお話しするね」などと保留にすることも必要です。

Q

4歳の男の子が、就寝前に自慰行為をしていました。あなたならどうしますか？

キーワード　**自慰行為、領域**

意外と知られていないようですが、幼児において自慰行為が見られることは決してめずらしいことではありません。爪噛みや指しゃぶりのように、なんとなく癖になってしまっていることがほとんどです。寂しさやストレスなどの情緒的問題をきっかけにはじまることが多いと言われています。施設に入所している子どもの場合、ネグレクトなどの影響から、自己刺激行動として自慰行為におよんでいる可能性もあります。いずれにせよ、自慰行為そのものを叱ったり、無理に止めさせることはせず、自慰行為以外に興味を誘導してあげたり、背景の寂しさやストレスを解消することを優先的に行います。

また部屋の構造にもよりますが、他児が「何してるの？」と気にしたりする場合もありますので、その点については対応が必要です。

この対応はあくまでも幼児の場合です。年齢や発達段階が変われば、また異なる対応も必要になってきます。

Q

5歳の男の子が、女の子の性器をふざけながら服の上から触っていました。あなたならどうしますか？

キーワード　**プライベートパーツ、タッチ**

プライベートパーツ（胸、おしり、性器、口）がどこかを子どもと一緒に確認します。そのうえで、「いいタッチ・わるいタッチ」や、プライベートパーツは、「見せない、触らせない、見ない、触らない」ということを確認します。紙芝居や絵本などを活用して、性教育や領域について、日常的に説明しておくことは重要です。また、性被害の有無や家庭での性的モラルがどうだったかを確認しておくことも大切です。

Q 6歳の男の子が、一緒にお風呂に入っているときに、「どうして男の子にはおちんちんがあるのに、女の子にはないの？」と聞いてきました。あなたならどう答えますか？

キーワード **異性の体の違い、プライベートパーツ**

どうしてそう思ったのか、どんなことが知りたいのかを確認します。そのうえで、男の子と女の子の体の違い（この年齢であれば性器の違い）を説明します。異性の体の違いに気がつくことは発達上大事なことですが、違いがわかったところで純粋に異性の体を見てみたいと思うかもしれません。ですので、あらためてプライベートパーツは「見せない、触らせない、見ない、触らない」ということを確認することも大切です。CW と一緒に入浴することについては、異性の体を知ることや体の成長について知ることにおいては意味があることではありますが、CW から子どもへの性的虐待が実際に起きているということを考えると、それぞれの施設での十分な議論が必要だと思われます。

子どもの認知発達の研究によれば、[★1]子どもが性別を理解するのは2歳ごろからと言われています。最初は単なるラベルとしての性別を学習しますが、3、4歳になるころには養育者らのジェンダー観の影響を受け、「男の子なんだから……」「女の子だから……」といった性役割を獲得していきます。そのため、この事例のように6歳であれば、この質問の背景に生物学的な性に対する違和感があるかもしれないという視点ももっておくことも重要です。

【小学生編】

Q 小学1年生女児が、男性職員にまとわりつくような接触が頻繁にあります。あなたならどうしますか？

キーワード **領域、距離、タッチ、アタッチメント、性被害の可能性**

人との距離、プライベートゾーンについてなどの基本を伝えていくことが大切です。また、女児の他者との距離・接触などについて、あらためてチームで確認することが必要です。誰かれかまわず距離が近いのか、異性だけなのか、

★1　コールバーグ，L. A「子どもは性別役割をどのように認知し発達させるか」、マッコビー，E 編（池上千寿子・河野貴代美　訳）『性差：その起源と役割』、1979 年、家政教育社

子ども間はどうかなどを知ることで、女児の行動が何に起因するものなのか、アセスメントすることが可能になるでしょう。性被害の可能性も考えられますが、アタッチメントの問題である場合も考えられます。またなにかの出来事をきっかけに、一時的に不安や寂しい気持ちが強くなっているのかもしれません。接した職員の主観的な気持ち（気持ち悪い・性的ニュアンス・違和感など）も重要な情報のひとつになります。

Q 小学1年生男児が生理用品のCMの歌を口ずさんでいます。あなたならどうしますか？

キーワード **異性について知る、マナー**

まずは本人になんのCMなのかをわかっているのかどうかを確認しましょう。おそらく年齢的に考えると、なにかは知らず、単に歌が耳に残っている可能性が高いと思われます。まずは公共の場で口ずさむのは適切ではないことなど、マナーについて説明をしましょう。生理用品については、女の人が使うものであること、詳しいことは小学校4年生ごろに学んでいこうと伝えるのがよいと思います。ただ、「いま知りたい!!」などと納得しない場合などは、どこまで伝えるのかを考える必要がありますので、チームで協議をしてから対応する必要があります。

自閉スペクトラム症の子どものなかには好きなCMの歌を繰り返し歌い続ける子どもがいます。その場合は、子どもの特性を加味しつつ、歌っていい（いけない）場所・状況などをわかりやすく伝える工夫も必要になります。

Q 小学2年生女児が肌着を着ていませんでした。あなたならどうしますか？

キーワード **清潔、身だしなみ、身の守り方**

なぜ肌着を着たくないのかという理由を確認しましょう。職員からは肌着を着る必要性について、説明をします。肌着は汗を吸ってくれること、風邪をひきにくくなること、肌を守る役割があること、プライベートゾーンを隠してくれることなどを伝えます。身だしなみを整えること、清潔にすること、健康管理をすることなどを通し、自分の体を自分で守ることの大切さを伝えていきま

しょう。また、子どもが着たくない理由によっては、薄めの肌着やデザインのかわいい肌着を一緒に買いに行くなど、着たくなる工夫をしましょう。

最近では、小学校の体育において、「汗をかいた肌着を着続けると体が冷える」という理由で体操服に着替える際に肌着を脱ぐよう伝えている学校があります。菅公学生服株式会社が 2017 年に東京都と神奈川県に住む、小学生がいる母親 1000 人を対象に行った調査では[★2]、14.4％が「下着（ブラジャーや肌着）の着用が認められていない」と回答しました。ちなみに「認められている」のは 67.1％、「学年や季節によって制約がある」と回答した人が 18.5％でした。そういった場合には、学校と連絡を取り、話し合っていく必要があるでしょう。

Q 小学 5 年生男児が、小学 4 年生男児の部屋に入って、ベッドの上で遊んでいます。あなたならどうしますか？

キーワード **領域、身の守り方、同性間の性的事故**

まずは施設内で子ども同士の部屋の行き来についてのルールがあるかどうかがポイントです。ある場合はそのルールの意味をきちんと説明したうえで、そのルールを守るよう伝えましょう。部屋に入った経緯や、何をしていたのかを聞き取りましょう。その後、起こりうるリスクや自分のスペースを守ることの意味や大切さを伝えましょう。また強引に入られた場合などは、職員に助けを求めることや具体的な身の守り方を教える必要もあります。

職員が気をつけることは、同性同士だから性的事故は起きないと思い込まないことです。神戸児童間性暴力研究会は、21 の児童福祉施設（児童養護施設・児童自立支援施設・障害児施設）に対し過去 10 年間に発生した児童間性暴力について[★3]聞き取り調査を実施しました。その結果、全 308 ケースのうち、同性間のケースが 70.8％でした。今後全国的な調査やそれぞれの施設ごとの調査が必要ではありますが、同性間の性加害・被害は決して少なくありません。

★2 菅公学生服株式会社「カンコーホームルーム　小学体操服の着用状況」、2017 年 https://kanko-gakuseifuku.co.jp/media/homeroom/170425（参照：2020/06/26）
★3 遠藤洋二「児童養護施設等入所型児童福祉施設における児童同士の性暴力を考える」、「神戸児童間性暴力研究会東京、大阪セミナー」、2020 年 https://www.kobeseibouken.com/（参照：2021/02/19）

Q 今朝、小学５年生女児から初潮の開示がありました。男性職員であるあなたはどう対応しますか？

キーワード **第二次性徴**

原則的には、同性職員が対応をします。他寮舎の協力が得られる場合には、女性職員に応援を頼みます。グループホームなどで応援を頼むことが難しい場合には、ホーム内の高齢女児などに応援を頼むのもひとつの方法です。女児が初潮について知らず、不安になっているようであれば、病気ではないことを伝え、不安を軽減することが大切です。その際、女性職員に電話で応援を頼むなどもよい方法でしょう。

こういった場合に対応できるよう、事前に女性職員から初潮の説明や生理用ナプキンの準備、使い方の説明、男性職員しかいない場合の対応方法などの性教育を実施しておくことが大切です。このときに、高齢女児にもしものときには手助けをしてくれるようお願いするのもひとつの工夫です。

Q 小学校６年生男児の部屋を掃除中に、隠してあったパンツが見つかりました。パンツには汚れが付着していました。あなたならどうしますか？

キーワード **第二次性徴**

この場合も原則的には同性の職員が対応をしましょう。まずは汚れの正体を探りましょう。精液であれば、精通があることがわかります。自慰行為をしているのであれば、適切な処理方法（ティッシュの活用や、処理後にビニールに入れて廃棄など）を伝えましょう。夢精なのであれば、本人も戸惑っているかもしれません。きちんと聞いて不安を解消してあげることが大切です。

性教育を開始するには、絶好の機会となります。そのため、下着を隠していたことを叱る、などの対応は避けるようにしましょう。

Q 小学５年生の男児のベッド下からアダルト雑誌が見つかりました。あなたならどうしますか？

キーワード **アダルトコンテンツ、性的興味**

入手した経緯を必ず確認します。寮舎・グループホーム内の子ども間での貸し借り、学校の友人、外泊時に家庭から持ってきた、拾得した、万引き、などさまざまな可能性を頭に入れておく必要があります。それぞれの場合に応じ、当該児童のみならず、他児や学校、家庭との連携が必要になる場合もあります。これを機に、本人の性知識の確認、精通の有無や自慰行為の経験などについて聞くことも大切です。

寮舎・グループホーム内の子ども間での貸し借りがあった場合、関係者全員に聞き取り、全体の状況を把握する必要があります。その際、聞き取りの方法・時間などには配慮が必要です（子ども間で口裏合わせが行われたりするのを防ぐため）。アダルト雑誌の貸し借りの背景に、力関係や性加害・被害が潜んでいる可能性も十分考慮して対応していくことが必要です。

女性職員が最初に発見した場合は、一人で対応をせず、男性職員に引き継ぎましょう。

Q 小学６年生女児が、中学校入学の制服購入時に「スカートじゃなくて、ズボンが履きたいんだ……」と話がありました。あなたならどうしますか？

キーワード **ジェンダー、性的違和**

2019 年１月、東京都中野区では区内の女児からの提案を受け、2019 年春から全区立中学において女児がスラックス制服を選べるようにすると発表をしました。同じく 2019 年春から世田谷区でも性別に関係なく制服を選べるようにすることになりました。現在でも「女子はスカート、男子はズボン」という固定化したジェンダー観が日本社会には強くありますが、徐々に社会も変化をしてきています。

さて、子どもからこのような話があった場合には、女児がなぜズボンを履きたいと言うのか、という点を話し合いながら、前記のような例もあることを伝え、どのようにアクションを起こしていくかを考える必要があります（たと

えば中学校側に相談するなど)。女児がズボンを履きたい理由のひとつとして、LGBT[☆1]をはじめとする性別やジェンダーに対する違和がある可能性も考えられます。もしそうであれば、これをきっかけに本人の悩みや希望を聞き、制服のことだけでなく、さまざまな事柄(たとえばトイレの使用、体育の際の着替えなど)を解決していくことも必要になるかもしれません。

多様な性については徐々に社会の理解も深まってきていますが、実際にはまだまだ差別やからかいなどを受ける可能性もあります。そのリスクも伝え、周囲にカミングアウトをするのかどうか、するとすればどんなふうにするのか、などを子どもとともに考えていくことが大切です。本人が医療的な対応(ホルモン療法や将来的な性別適合手術の実施など)を望むのであれば、親権者の同意や外部機関との連携も必要になってきます。

【中学生編】

Q 中学2年生の女の子が、「(幼なじみの) A くんの家に行ってくる」と言いました。あなたなら、どう答えますか?

キーワード **異性との距離、交際**

まずはきちんと報告してくれたことに対し、「ありがとう」と伝えることが大事です。何をしに行くのか、一人で行くのか、その男の子と交際しているのか、家の場所、保護者はいるかなど、詳細に聞き取りましょう。そのうえで異性との距離やそこで懸念されること(性被害など)を伝え、相手方に連絡を取ることを了解してもらいましょう。また、帰宅後にどのような様子であったかなどきちんと聞くことも大切です。

中学生になり異性との交際がはじまること自体は悪いことではありません。そのことが子どもたちのよりよい成長につながるよう、保護者同士連絡を取りながら見守っていくことが必要です。注意喚起はしつつも、性について話をしやすい雰囲気をつくり出すことが大切です。

☆1 LGBT については第五章を参照。国際的には、LGBT では多様な性をカバーできないこと、LGBT というカテゴリーをつくることで差別などの対立構造を生みやすくなってしまうことから、現在では SOGI (Sexual Orientation と Gender Identity) という言葉が新たに使われるようになっている。SOGI はすべての人に関わる概念であり、性の問題を他人事にしないという意味が込められている。このように性に関する概念は日々変化しているので、できるだけ最新情報を取得するように心がけておくとよい。

Q 施設内の中学３年生男女が、公園のベンチで座っているのを目撃しました。あなたならどうしますか？

キーワード **施設内の恋愛関係**

とりあえずは関係性の把握に努めましょう。ただ帰り道が一緒だっただけなのか、一方の勝手な好意なのか、はたまた交際をしているのかによって対応が変わってきます。交際をしている場合、まず恋愛自体はいけないことではなく、人を好きになることや異性と交際したいと思う気持ちについては認めましょう。

施設内での恋愛を禁止するかしないか、というところは意見が分かれるところであり、ここではどちらともいえません。それぞれの施設で話し合いを重ね、共通の認識をもつことができるとよいでしょう。実際の関係性やそれによって生じる弊害などを考えたうえで、場合によっては生活場所を離すなどの対応も必要になってくるかもしれません。

Q 中学３年生の男児が同じ寮舎の他児について、「あいつ、おかまちゃんだよね。きもっ」と陰口を言っていました。あなたならどうしますか？

キーワード **多様な性、差別**

多様な性・ジェンダーについて、職員がまずはしっかり学ぶ必要があります。生物学的な性についてだけでなく、性自認、性的指向、性役割などについて、さまざまな考えがあることを理解し、子どもたちにも伝えていく必要があります。日本でも戸籍の性の変更が認められるようになった（性同一性障害[☆2]の診断、性別適合手術の実施済みなどの条件がある）ことや、同性同士のパートナーシップ条例[☆3]や宣誓制度があることなど、子どもたちの身近な問題として教えていくことができるとよいと思います。

それでも違和感や拒否感を覚えることはあると思います。そう思うこともまた自由であるので、認めつつも他者を差別したり傷つけたりするような発言は

☆2 「性同一性障害」という名称は、2013 年にアメリカ精神医学会が「性別違和」に、2019 年には WHO が「性別不合」に変更した。日本精神神経学会や国内の法律などでは現在も性同一性障害という名称が使用されている。
☆3 2015 年 11 月に世田谷区・渋谷区・中野区・大阪市・那覇市・札幌市・福岡市などが導入し、2020 年 10 月 1 日現在で 60 自治体が導入している。

控えるべきであることを伝えていくことが大事です。

補足ではありますが、2017 年に大阪市が全国で初めて同性カップルを里親として認定（実際に委託もされた）して以降、同性カップルを里親として登録認定する自治体が増えています。東京都も 2018 年 10 月から運用基準を改正し、同性カップルでも里親として登録認定されることになりました。多様な性に関しては、ようやく日本も変革のときを迎えていますので、日々最新の情報を得るようにしておくとよいでしょう。

【高校生編】

Q 高校 2 年生女児が「ネットで知り合った人と 1 回だけ遊んだ。その後つき合おうと言われたんだけど、どうしたらいい？」と相談がありました。あなたなら、どう答えますか？

キーワード **ソーシャルメディア、恋愛**

まずは相手の情報 (年齢・住んでいる所・何をしている人なのか) や会うに至った経緯、遊んだときの場所や状況などを細かく聞きましょう。そのうえで「あなたはどうしたいと思っているのか」ということを確認しましょう。またインターネットで知り合うということの危険性について、できるだけ具体的に伝えましょう。それでもつき合いたい、という場合は、「一度職員にも紹介して」などと提案することもひとつの案です。また実際につき合うことになった場合には、きちんとその関係性を把握できるよう、子どもと話をする機会をもちましょう。

ソーシャルメディアをきっかけに真剣な交際に発展することもないとはいえません。全国の 20 ～ 49 歳の男女 4200 人を対象とした「恋愛・結婚調査 2017」[★4]によると、交際期間が 2 年以上の人の 5.2％が出会いのきっかけとして SNS をあげています。しかし、一方で SNS をきっかけとした犯罪被害が増加していることも事実です。「ネットで知り合う＝だまされている」と安易に考えるのではなく、その具体的な危険性を職員もしっかりと認識し、適切な利用方法を子どもたちに伝えていくことが重要になってくるでしょう。

★4　リクルートブライダル総研「恋愛・結婚調査 2017」、2017 年
<https://souken.zexy.net/research_news/files/19SRN180418.pdf>（参照：2020/06/26）

Q 高校生の男児が「俺、彼女が5人いてさ〜大変なんだよ〜」となにやら自慢げに話してきました。あなたならどう答えますか？

キーワード **恋愛・性的関係、避妊・性感染症**

まずは子どもが話していることが事実なのかをしっかり確認しましょう。事実であれば、それぞれの相手や交際に至った経緯、性的関係にあるのかどうか、金銭の問題（デート代などはどうしているのか）などを確認していきましょう。そのうえで避妊や性感染症の予防などについて伝えるとともに、女性および人とのつき合い方について話をしていきます。なぜ、複数の女性とつき合うのか、その背後にある気持ちにアプローチをしていくことが必要です。また複数の女性とつき合うことのリスクについても説明をしましょう。「浮気なんて最低だ !!」と職員の価値観や一般常識を振りかざすだけでは、問題の解決にはなりません。いったんそれは横において話をしていくことが大切です。

Q 高校3年生女児が「避妊せずにセックスしちゃったんだけど……」と報告がありました。あなたならどうしますか？

キーワード **性交渉、妊娠・出産、避妊・中絶、アフターピル**

まずは経過を確認しましょう。相手男性は誰か、いつのことなのか、膣内への射精があったのかなかったのか、生理周期はどうなのか。重要なのは、報告を受けた時点で職員の頭にアフターピルが浮かんでいるかどうか、です。アフターピルは性交渉後72時間以内に服用することで妊娠を防ぐことができますが、早ければ早いほどその効果はあがります。ですので、**アフターピルは時間との勝負**なのです。そのためにも、日ごろからアフターピルを処方できる医療機関を探しておくとよいでしょう。アフターピルの処方については、内診はなく、問診と薬の説明のみで処方されます。以下に主な種類と大体の値段について記載をしておきます。アフターピル服用後、3〜7日後に出血があれば避妊に成功したサインであると言われていますが、妊娠初期の出血を月経と区別できない場合もあります。性交から3週間経過した時点で、市販の妊娠検査薬で妊娠を確認したり、必要があれば産婦人科に再通院することも考えましょう。

子どもによっては他職員に秘密にしてほしいという子どももいるでしょう。しかし、ことの重大性から職員一人で対応すべきことではないことを伝え、他

職員に開示する許可を必ずとりましょう。実際に一人で対応することは不適切であり、上司への早急な報告も必要となります。

また、アフターピルでは性感染症の予防はできないので、あらためて避妊具の使用を確認することが大切です。「やばかったら、アフターピル飲めばいいよね！」と安易に考えないよう、継続的な性教育が望まれます。

緊急避妊薬の服用による緊急避妊方法

薬名	ノルレボ	プラノバール錠
妊娠阻止率	約 85%	約 57%
説明	現在最も主要な緊急避妊薬。 国内後発薬と海外後発薬がある	従来行っていた緊急避妊法。 最初に 2 錠服用し、 12 時間後にもう 2 錠服用する
副作用	比較的少ない	悪心（55.2%）・嘔吐（13.3%） がよく起きる
費用（参考）	15000 円 国内後発薬：10000 ～ 12000 円 海外後発薬：6000 円	4000 円～ 8000 円

＊ 2020 年 10 月 1 日現在
＊病院によって費用は異なります。
＊性暴力被害の場合、警察に届け出ると費用は公費助成となります。

アフターピルについては、諸外国のなかでは市販化している国もあります。日本でも、通販サイトを経由し個人輸入として購入できる場合もありますが、届くまでに 1 週間以上かかってしまったり、偽物の薬である可能性も高いので、現状では医療機関での購入が最もよい方法と思われます。2019 年には緊急避妊のオンライン診療が認められましたが、地理的要因がある場合や相談窓口と連携した医師が「心理的に対面診療が困難」だと判断した場合のみとされています。また産婦人科医または指定する研修を受講した医師による処方、1 錠だけの処方、研修を受けた薬剤師による調剤、薬剤師の面前での内服など、多くの条件が付されました。2020 年 10 月には政府が薬局での販売を検討していくと発表しましたが、まだまだ緊急避妊薬の入手には高いハードルがあります。いざというときに困らないよう、日ごろから情報収集をしておくとよいでしょう。

Q 高校２年生男児が深刻そうな顔で、「彼女が妊娠したみたい……。どうしよう」と相談してきました。あなたなら、どう答えますか？

キーワード **性交渉、妊娠・出産、避妊・中絶**

まずは相手の情報や交際している期間、妊娠したと判断した理由（検査薬は使ったのか、産婦人科に行ったのか、彼女がそう言ったのかなど)、避妊の有無などを確認しましょう。また、彼女とどんな話になっているのか（相手の親に話しているのか、妊娠していたとしたらどうするのか)、本人はどうしていきたいと思っているのかを確認する必要があります。人工妊娠中絶にかかる費用、また仮に出産をするとすればその費用や社会保障制度などを提示し、具体的かつ現実的なこととして本人に考えさせる必要があります。相手が未成年であった場合、相手の親と連絡をとり、職員を交えて相談することを提案します。重要なのは**人工妊娠中絶できる週数**です。人工妊娠中絶が可能なのは、最終月経の始まりを０日とし、21 週６日までです。それ以降はいかなる理由があってもできないと母体保護法によって決まっています。また、初期中絶（12 週未満）と中期中絶（12 週目～ 21 週６日目）があり、手術内容や費用、入院期間が変わってきます。

費用については医療機関によって違いがありますが、初期中絶の場合だと10 ～ 15 万円、中期中絶の場合だと 30 万円～ 50 万円ほどかかるといわれています（術前検査、入院費などが別途かかることも有)。中期中絶の場合、健康保険に加入していれば出産一時金（子ども一人につき 42 万円）を利用することは可能です。しかし、無保険であれば支払われないこと、42 万円を越えた場合はその差額を支払う必要性が出てきますので、いずれにせよまとまったお金は必要になります。

また、中期中絶は対応している病院が思った以上に少ない現状があります。そのため、中期中絶を行える病院を探すのにも時間がかかります。また、中期中絶は通常の出産と同様に胎児を産みだす方法をとることや、死亡届の提出や火葬を行う必要があることから、女性には心身ともに大きな負担がかかることを理解しておく必要があります。

人工妊娠中絶には時間的な制約があることをきちんと認識し、スピーディーな対応が望まれます。一連の対応が終了した後で、きちんとことの経緯を振り返り、異性とのつき合い方や避妊などについて話し合っていくことも大切なこ

とです。

高校１年生の男の子の部屋から、女の子の下着が見つかりました。あなたならどう対応しますか？

キーワード **性犯罪**

まずは詳細の確認です。施設内の他児のものなのか、施設外で入手したのか、新品なのか使用したものなのか、などもポイントになります。自身で購入したものでなければ、外部であれ、内部であれ、窃盗であるということ、盗んだものが下着であるということの重大性、部屋への侵入も考えられるので、領域を侵していることも伝えていきましょう。下着の窃盗は立派な性犯罪のひとつです（法律的な罪としては窃盗罪になります）。

警察や児童相談所等の外部機関との連携も場合によっては必要となります。それらの対応を終えた後、再発防止のためには継続的な性教育が必須となります。盗んだ下着をどのようにあつかっていたのか、性的興味などについて確認していくこと、性的欲求の適切な解消方法について話し合っていくことなどが必要です。子どものなかには自慰行為を“悪いこと”、“汚いこと”と思い、実際に行っていないこともあります。適切な自慰行為のやり方を教え、自身の性的欲求をコントロールしていくことの重要性を伝える必要もあるでしょう。また、性犯罪の再発防止プログラムを利用することもひとつの方法です。ただし、再発防止プログラムだけを行えばいいのではなく、その振り返りやそのプログラムを実生活にどう活かしていくかという点では、やはり日常的な性教育についての関わりが重要になってきます。

【複数対応編】

高校３年生の男の子が日中、年少児のいる前で、深夜に放送しているアニメの録画を見ていました。あなたならどうしますか？

キーワード **メディア、他児への性的暴露**

まずはアニメの内容を確認しましょう。深夜に放送しているアニメであっても、内容的に問題のないものもありますが、性的な描写や暴力的な描写がある

ものもあります。きちんと理由を説明し、年少児がいる時間に見ることはやめてもらいましょう。同時に、性的描写についてはあくまでもフィクションであり、過剰な表現が含まれていることや、現実的にはあり得ないことであるということを伝えましょう。正しい性知識を伝えることが大切です。

Q 夕食中に学校での出来事を話しているときに、高校１年生の男の子が「今日コンドームの勉強をした」と言ったところ、小学３年生の男の子が「コンドームって何？」と聞きました。あなたならどう対応しますか？

キーワード　**発達段階に合わせた性教育**

過剰に反応してしまうと、余計に「なんで？」となってしまうので、その場は話を流しましょう。夕食が終わった後、時間のあるときに個別に対応をします。高校１年生の男の子に対しては、まずは発言の意図を聞きましょう。そして、性知識に関しては年齢や発達段階に合わせて伝えていく必要があることを話し、皆の前で言う話ではないことを伝えましょう。その後、学校での性教育について話すことができるといいですね。

小学３年生の男の子に対しては、コンドームそのものの説明をするのはわが国の性教育の現状を考えるとやや早いと思われますので、中学生ごろになったら勉強しようなど、時期をある程度特定してあげるとよいと思われます。そのほか、その場に居合わせた子どもたちに対しては、その話に対するそれぞれの反応に応じて、個別に対応をしていきましょう。

Q 高校１年生の男の子、中学３年生の女の子、特別支援学級に通う中学２年生の男の子の３人で、ドラマを見ていました。ドラマの内容を確認すると、不倫をテーマにした、性的なニュアンスが多くあるドラマでした。あなたならどう対応しますか？

キーワード　**メディア**

職員も少し仕事の手を休めて一緒にドラマを見てみましょう。そして、ドラマの内容についてコメント（あくまでフィクションであることなど）を挟みます。不倫について、どう思うのかなどを子どもたちと話し合ってみてもよいでしょう。このときには、子どもの成育歴などにも配慮が必要です。不倫の是非

については、職員個人の価値観を伝えるよりは、民事責任（離婚や慰謝料）を問われる行為であることや他者を傷つける行為であることなどの事実を伝えることが必要です。子どもの反応によっては、鑑賞後に個別で話をする時間を設けるのもよいでしょう。特に特別支援学級の子どもの場合は、内容を誤解していたりすることもあるので、確認をした方がいいかもしれません。

Q 中学1年生の女の子がスカート姿で、リビングで寝転がってテレビを見ています。隣には中学2年生の男の子が座っています。あなたならどう対応しますか？

キーワード **異性への配慮、共有スペースでのマナー**

まずは女の子に声をかけて、体を起こさせましょう。個別で話をする機会を設け、居室内での身だしなみや振る舞い、男児への配慮や危険性などを伝えましょう。

男の子に対しては、そのときの男の子の様子（過剰に女児を気にする様子があったなど）によって対応を変えていく必要がありますが、基本的には他児との適切な距離について触れる程度でいいでしょう。また、もし共有スペースで寝転がらないなどのルールがある場合には、他児に対しても注意をするようお願いすることもひとつです。

	2014	2015	2016	2017	2018	20
出来事		「活動報告」発行	・実施状況進行管理開始 ・アンケート係		・文書化部再創設 ・中高生部創設	・性教育実施状況 標準化推進部創
全体研修	・ロールプレイ ・施設内性的問題行動についての検証	・チェックリスト改訂 ・ロールプレイ	・チェックリストの確認 ・ロールプレイ	・ロールプレイ ・施設内性的問題行動についての検証	・ロールプレイ ・性教育についての調べ学習	・ロールプレイ ・チェックリスト改訂
ミニ学習会						
座談会	3回	3回	3回			
幼児	・絵本の読み聞かせ ・学習会：プライベートパーツについて ・学習会：身の守り方について	・絵本の読み聞かせ ・学習会：いのちの話 ・学習会：出産について	・学習会 ・絵本、紙芝居読み聞かせ ・パペット作成	・パペットの作成（領域についての学習）	・パペットの実施	・絵本・紙芝居の読み聞か ・1対1の定期的な性教育の実施
小学生低学年（チップ）	・体の名称／清潔 ・プライベートゾーン／いいタッチわるいタッチ ・身の守り方／領域 ・1年間のまとめ	・体の名称／清潔 ・プライベートパーツ／いいタッチわるいタッチ ・身の守り方／領域 ・1年間のまとめ	・体の名称／清潔 ・プライベートパーツ／いいタッチわるいタッチ ・身の守り方／領域 ・2年間のまとめ	・体の名称／清潔 ・プライベートパーツ／いいタッチわるいタッチ ・身の守り方／領域 ・1年間のまとめ	・体の名称／プライベートパーツ ・清潔 ・いいタッチわるいタッチ／領域 ・1年間のまとめ	・体の名称／プライベートパーツ／清潔 ・いいタッチわるいタッチ／領域／清潔（手洗い） ・身の守り方／領域／清潔（歯磨き） ・1年間のまとめ
小学生高学年（デール）	・乳児期から小6までの発達 ・第二次性徴 ・月経／射精 ・妊娠／出産	・第二次性徴（体） ・第二次性徴（心） ・月経／射精 ・妊娠／出産	・第二次性徴 ・今までの成長 ・月経／射精 ・妊娠／出産	・体の変化 ・心の変化 ・月経／射精 ・妊娠／出産	・清潔／領域／身だしなみ ・心と体の変化 ・月経／射精 ・妊娠／出産	・チップの振り返り、体の変化 ・心と体の変化 ・月経／射精 ・妊娠／出産
中学生					学習会：清潔／第二次性徴／多様な性／月経／マスターベーション／身の守り方	学習会：清潔／第二次性徴／多様な性／月経／マスターベーション／身の守り方
高校生					学習会：性知識の確認／月経／マスターベーション／性行為／避妊／携帯電話やSNSの危険性	学習会：性知識の確認／月経／マスターベーション／性行為／避妊／携帯電話やSNSの危険性

参加者の減少・偏りが続いたため、終了。
中高生への担当CWによる性教育に対しての支援は、「実施状況の把握」と「中高生への学習会」によって補うこととした。

小学生への学習会が継続され、積み重なってきたことを受け、そのフォローアップのために開始された。ちょうど座談会が終了したことも受け、中高生への性教育の補助の意味も付与された。

《著者略歴》

東京家庭学校 性教育委員会

林 知然（はやしとものり）
本園統括主任・家庭支援専門相談員。
保育士、社会福祉士、精神保健福祉士。
東京家庭学校性教育委員会会長。

永野真希（ながのまき）
総務主任。社会福祉士、保育士。

林 奈穂子（はやしなほこ）
臨床心理士、公認心理師。

《執筆協力者》

成島夕貴（なるしまゆうき）
藤田晃也（ふじたこうや）

装丁・本文デザイン　土屋みづほ

児童養護施設から考える子どもの性と生
――性教育実践報告

2021年4月15日　初版第1刷発行

編著者 東京家庭学校 性教育委員会
林 知然・永野真希・林 奈穂子
発行者 竹村正治
発行所 株式会社 かもがわ出版

〒602-8119　京都市上京区堀川通出水西入
TEL 075-432-2868　FAX 075-432-2869
振替　01010-5-12436
http://www.kamogawa.co.jp

印刷所 シナノ書籍印刷株式会社

ISBN978-4-7803-1152-5　C0036　Printed in Japan